大展好書 好書大展

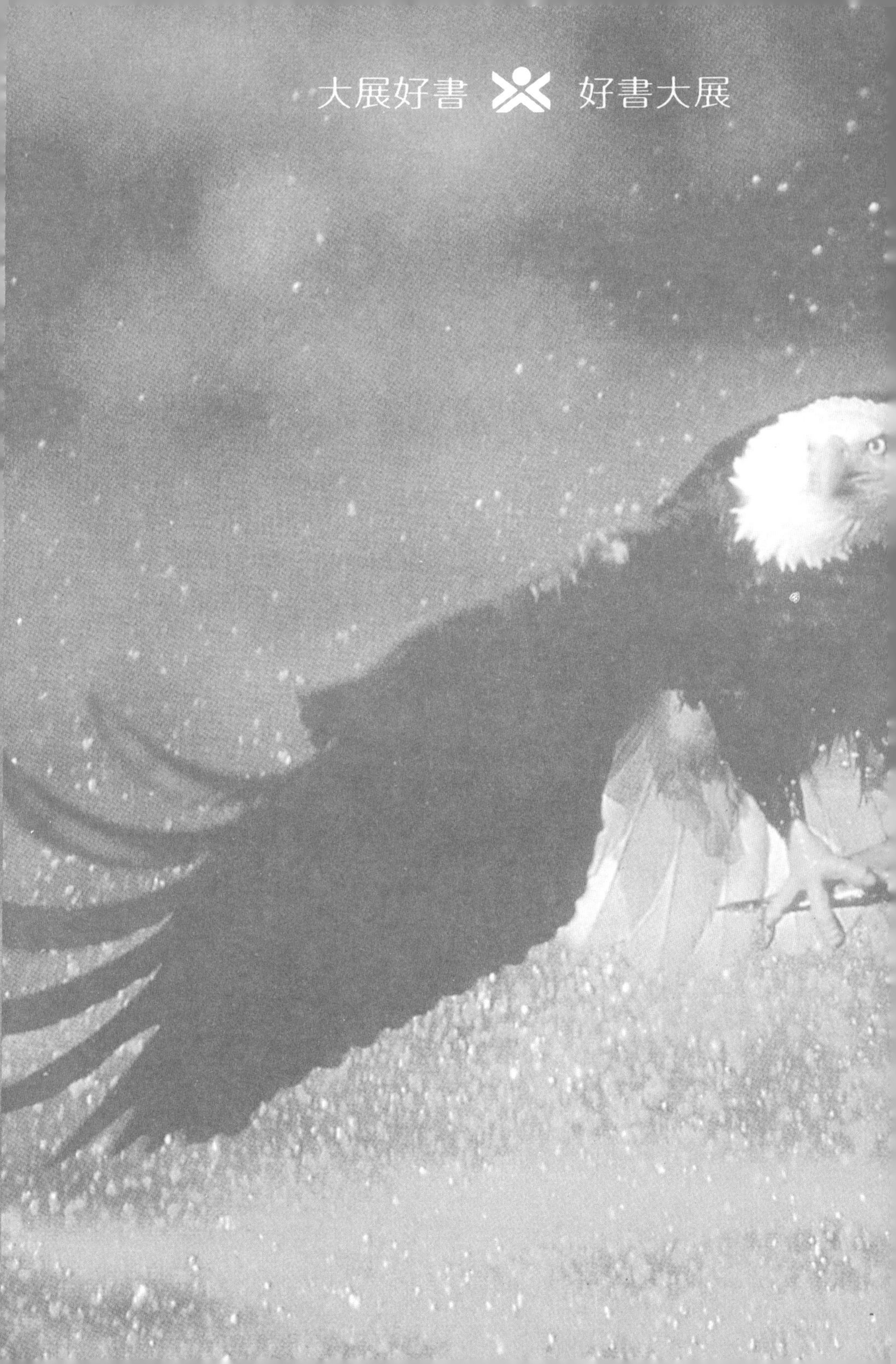
大展好書 好書大展

超現實心靈講座 11

宇宙與地球終結之謎

南山宏／著
許悽纓／譯

大展出版社有限公司
DAH-JAAN PUBLISHING CO., LTD.

前　言——世界充滿著謎

如果從和平而平凡的生活中踏出一步，就會發現從這一瞬間開始，無數超乎想像的過去與未來、宇宙與地球的壯大謎團包圍著我們。

本書向讀者挑戰的三大神秘，這其中包括了代表過去、現在、未來的三大超級謎團。

現在之謎——通過那兒的飛機或船舶，在一望無垠、天氣晴朗無風，完全不會發生意外事故的氣象條件下，突然消失了。這就是大西洋魔鬼海域「百慕達三角洲」之謎。

為何一到那裡，羅盤針就會亂轉，視野就會歪斜，電會被吸走，時針會快速前進或減慢速度呢？甚麼是戰鬥機飛入以後，再也無法飛出來的「怪雲」呢？出現在此的是次元的斷層，還是時空的陷阱呢？為甚麼機員全都失蹤，船隻空無一人地漂流著呢？難道UFO利用此處作為出入口嗎？難道那兒與人類的潛在意識或超能力有所關連嗎？

過去之謎——在遙遠的太古，對於人類的墮落施予懲罰的神罰的記憶，就是世界上古代文明與古代民族，至今仍傳說的「大洪水」，以及帶著僅存的生存者和許多動物、植物漂流的「方舟」。這是非常神奇的神話傳說之謎。

聖經中所說的「諾亞方舟」，真是存在著的嗎？在亞拉拉特山確認令人難解的「船形地形」，到底是甚麼？日本似乎也有洪水／方舟傳承的說法。難道方舟不只是一艘，而在各地都有嗎？被大洪水消滅的「文明以前的文明」，是指亞特蘭提斯文明嗎？懲罰人類或解救衆人的「神」，到底是誰呢？「方舟」是不是飄浮在空中的「太空船」呢？

未來之謎——在遙遠的火星表面，無人偵察機偶然發現到好像抬頭仰望天空，酷似人類臉龐的巨大「人面岩」。同時，在其周邊也發現了很多的「金字塔」。這是火星與地球有關連的可怕之謎。

火星是否曾有過超文明的存在呢？以電腦分析照片時，清楚浮現的驚人影子是甚麼呢？為甚麼人類把火星視為是不吉祥的星球，而非常害怕？為甚麼對於描述火星人侵略的幻想小說感到畏懼呢？「人面岩」與埃及的獅身人面像連結而成的史前之謎，到底是甚麼呢？隱藏在美蘇火星探測計劃之後的大秘密是甚麼？等待未來火星探險隊的戰慄命運是甚麼？

對於日常生活感到無聊的人，是否願意接受投向我們地球人類，關於過去、現在、未來三大神秘的戰書呢？是否願意出發去解開謎團呢？不需要任何交通工具，需要的只是諸位聰明的頭腦而已。

解決謎團的線索，全都在本書中。要從何著手，您可自由選擇。即使會出現與筆者不同的答案，這也是諸君的權利。

解開謎團的旅行，要啟程了。

要解開現在之謎，要到深邃的海底。

要解開過去之謎，要到高山上。

要解開未來之謎，就要到遥遠宇宙的行星去。

作者　南山　宏

目錄

目錄

第2部　百慕達海域消失神秘

第3部 諾亞方舟——神秘外星人

第1部

超古代火星神秘

超古代火星神秘❶

火星的人面岩是超古代文明的遺跡嗎？

海盜一號取得的人面岩謎團

火星——。

太陽系中第四行星，是地球的兄弟星……。

在夜空中，散發紅色光輝的鄰居行星，現在由美蘇兩大國家的宇宙科學家們正在熱情地的研究著。

爲甚麼呢？

到目前爲止，俄國已經陸續派遣二艘多目的新世代行星偵察機朝向火星之月前進，進行「火衛計劃」，而美國也不甘示弱，在一九九〇年代初期，送入火星周邊觀測衛星，目前正在推展計劃中。

爲甚麼呢？

一九八六年末，美國政府的宇宙開發計劃主要要科學家卡爾·塞根博士，在雜誌上發表演說，說道：

「二十一世紀，美國所需要的科學技術上的終點，已經在手邊了……，那就是關於探查與發現火星的組織性計劃。……例如：氣候的變化、現在與過去的生命搜索，以及如謎團一般的火星地形物的了解……。」

甚麼是如謎團一般的火星地形物的了解呢？

身爲政府科學家，塞根的說法非常慎重。儘管如此，爲甚麼他採取這種說法呢？

話題必須追溯至一九七六年……。

慶祝美國建國二〇〇週年的這一年夏天，首次到達火星上空的無人偵察機海盜一號，在著陸船順利下降的同時，連續繞著火星拍攝荒涼的地表，並且更換爲電氣信號，趕緊送回在幾千萬公里外的遙遠地球。

NASA（美國太空總署）遍及世界各地的深宇宙網路掌握這訊息，利用電腦將其影像化，而負責這影像復原工作人員中的一人，克比·歐安爲了找尋在一個月後，能夠安全著陸的海盜二號著陸船的適當地點，而檢視每一張復原偏光照片。

「你看，這是甚麼呀？」

難怪他會發出驚訝的叫聲！原來紀錄爲「35A72」的軟片中，發現酷似人類臉龐的巨大岩石山，在那兒一直凝視著天空！

「讓人覺得很不舒服……。」

當然，同事之間也引起一陣騷動，大家都認爲這應該不是真的。同時，也認爲趕快找尋安全的著陸地點才是重要的，所以也忘記了這件事。

後來，NASA向大衆傳播界公開發表的海盜照片中，也包括這一張成爲「人面岩」的照片。但是，當局發言人兼負責海盜計劃的科學家傑利·傲芬，並沒有忘記若無其事地加上以下的說法：

「地形的凹凸不平，再加上陽光的照射，在這些惡作劇下，產生這偶然的產物，其證明就是在數小時以後，在相同的場所所拍攝到的相片中，甚麼也沒拍到……。」

但是，這說明真是一大謊言。事後了解的事實是，35A72的拍攝時刻在當地，是火星的傍晚六點鐘左右，而在數小時以後，同樣的地區已經陷入一片黑暗中，成爲黑夜，當然甚麼也看不到。同時，除了這張照片以外，其他的時刻在其他的太陽入射角條件下，也拍攝到「人面岩」照片。

NASA本身也承認，海盜計劃最大的目的原本就是在於「火星生命的探索」，而發言人的說明是在剛開始時，便認爲它不是自然物，而產生的不當失言，還是爲了隱瞞真相，而如此發言呢？

至少，大衆傳播對於NASA的發表，就這麼囫圇吞棗地加以報導，而使「人面岩」

爲了探測火星，而展現劃時代業績的海盜一號（上）、著陸船下降於火星表面（下、想像圖），使以往成謎的火星面貌呈現在人類眼前。

照片的存在就此葬送在黑暗中。

人面岩的映像並非幻象

過了三年餘以後，這問題再次被搬上檯面來談。而且，發現這問題的是原本屬於NASA機構，在馬利蘭州太空飛行中心的電子工學技師文生・大衛與同事電腦學家谷雷・格里二人。

二人偶爾在所內的宇宙科學資料中心閱覽照片檔案時，看到了出現在35A72中的「人面岩」，產生了很大的興趣。調查以後，又發現了一張「人面岩」的相片，識別號碼爲70A13。

此外，從這號碼中，可以了解A是表示海盜一號，而其前方的數字則表示繞行軌道飛行的第幾周，後面的數字則表示攝影畫像的第幾彗星像差。

於是，他們從保管之照片原版電子畫像資料的加州噴射推進研究所處，取得了畫像的資料，用自己的電腦重新復原完全的照片。

首先，是「人面岩」的正確位置在火星北緯40・89度／火星經度9・52度，接近馬雷・亞西達雷姆平原東南端，通稱「塞德尼亞地區」的附近。

從攝影資料中，發現二照片拍攝時的攝影機角度、太陽光線的入射角、偵察機的高

進行「人面岩」，電腦分析的大衛與莫雷那爾。

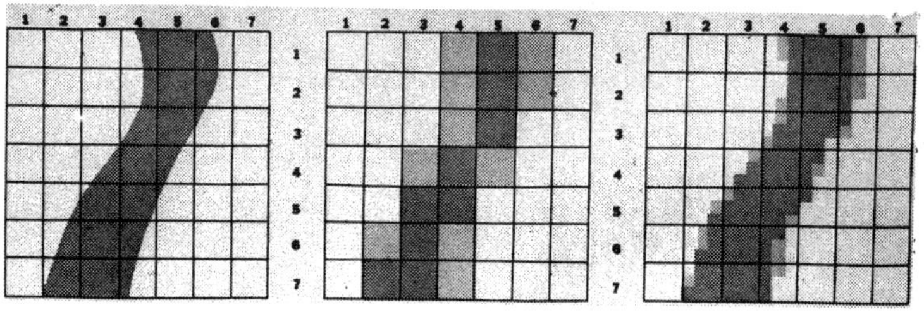

「互插技術處理」的原理圖。左邊爲照像體的實物。中間爲明暗不同的畫素所構成的電子畫像。右邊爲畫素細分後，照像體實物的畫面。

度、軌道的傾斜角度完全不同，因此了解到所拍攝到的是同一個「人面岩」，而不是暫時出現的幻象。

於是，大衛和莫雷那爾利用電腦做照片分析，來判斷這「人面岩」到底是人工的產物，或是由於自然的風化作用而偶然產生的奇異造形物。

不只限於海盜照片，從宇宙所傳送出來的照片，或是由極微小的分量（畫素）所構成的電子（數值化處理）。以海盜偵察機而言，一張畫像中的分量數約127萬個，而偵察機的攝影機能識別的最小情報單位，分量數一個的縱橫長度，相當於45～50公尺。

由此來計算，則「人面岩」的大小寬約二點三公里，長約二點六公里。

電子畫像的優點就是利用電腦的處理，可以强調各分量的明暗對比，而缺點則是愈放大，分量的參差不齊會更爲擴大。

於是，他們把分量進行滑順處理，形成更細微明暗度的移行差，開發出能夠更加接近實際光景的新畫像處理程式（「畫像相互插入處理技術」）簡稱爲「互插處理」），並加以應用，成功地大幅度提昇鮮明度。

存在於火星的金字塔?!令人驚訝的事實

這二張「人面岩」照片經由電子電腦分析的結果，發現令人驚訝的事情。這奇怪的火

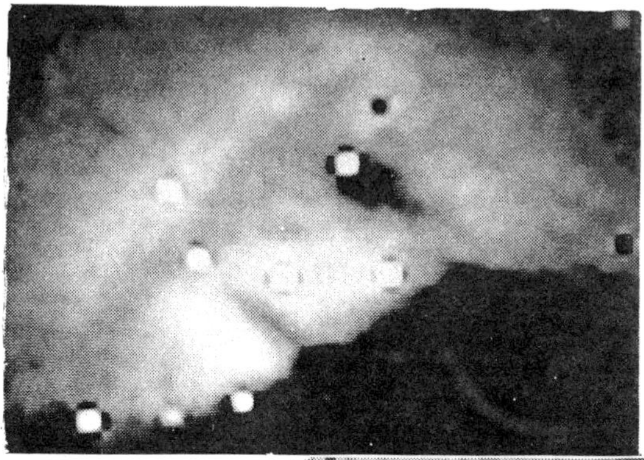

「人面岩」的電子畫像經由「互插技術處理」以後，形成如下圖一般，沒有鋸齒狀的美麗畫像。

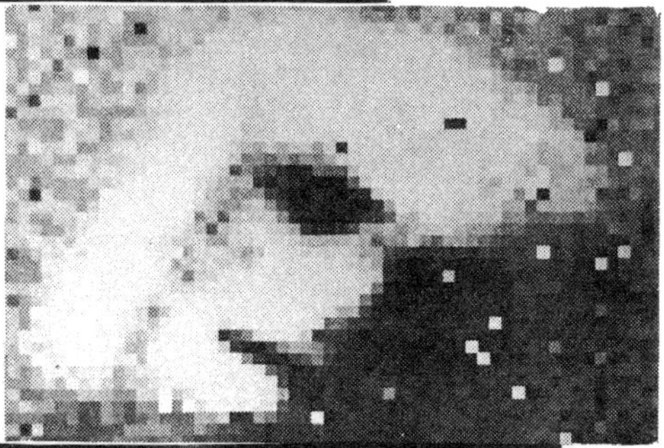

復原的「人面岩」的全體像（下）。如果這是自然作用，那麼自然本身應該具有高度的知性。

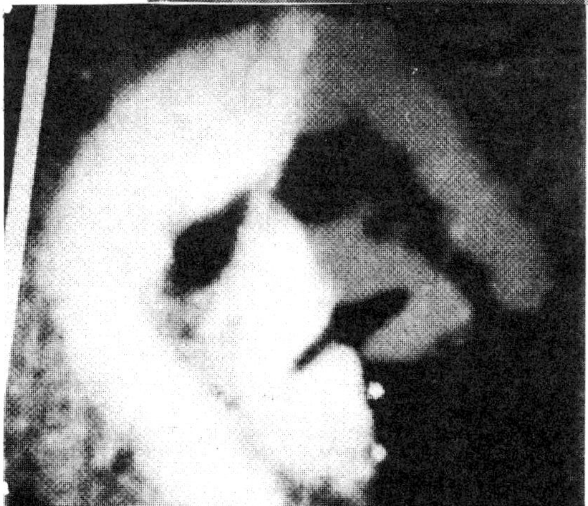

星構造物幾乎完全左右對稱，擁有論廓分明的髮型、額頭、鼻、口、顎。同時，正面好像抬頭仰望天空似地，與人類的顏面完全相同。

但是，他們的發現並不僅止於此。

原本照片的對比强調有一定的界限，因此以色彩別來分析明暗度的微妙差距。因此，進行各種色彩的組合變換，而發現了令人驚訝的特徵。

「人面岩」的强調照片，很明顯地，在眼窩中可以看到「眼球」的構造，其中心部有如「瞳孔」一般清晰可見！

大衛和莫雷那爾甚至發現其中的一張相片，在眼球的下方似乎隱然看到淚痕。

「這難道也是經由風化或侵蝕等作用，而形成的自然造形物嗎？若真是如此，那麼怎麼可能製造出左右對稱，輪廓分明的物體呢？自然不應該具有如此高度的知性吧！」

因此，他們斷言這應該是人工產物。

大衛和莫雷那爾又發現另一項事實，即在「人面岩」的西方到西南方一帶，散佈著一些「金字塔狀構造物」。尤其在西南方約十六公里處，有一巨大的「長方形金字塔」（寬約一·六公里，長約二·七公里），讓人覺得是人工建築物。

「這構造物的急傾斜斜面看起來有四面。如果是呈現金字塔形狀的自然山丘，則斜面的中央部應該比四角更削薄，然而這四角卻具備著當成補强用的牆壁……。」

同時，如果這些「金字塔」群是自然形成物，那麼相鄰的金字塔應該不會朝向相同的方向，同時應該欠缺左右對稱性，但是事實卻完全相反。

日後，又有其他研究者發現了「長方形金字塔」令人感到驚訝的事實。稍後會爲各位敘述。

偶然形成的機率宛如天文學數字

事實上，這並非第一次在火星表面發現「金字塔」。

一九七二年二月與八月，繞著火星的水手九號偵察機，就已經在北緯十五·三度／經度一九八·五度，即在馬雷·阿里西姆平原東端的特里比姆·查倫提斯一帶，發現了複數的金字塔形構造物。

這些「火星金字塔」爲四面體（三角錐）形，大小各有不同，至少有六個——若包括側面的長方形「附屬建築物」等多角形構造物在內，則至少有十個——人工建築物的存在。二次拍攝到照片，拍攝角度與高度都不同，太陽光線的入射角爲六十度左右，很明顯地並非陰影的惡作劇所造成的。

這些構造物的特徵之一，就是非常巨大，令人難以置信。最大的「金字塔」底邊長度各爲三公里，高度達到一公里，而「附屬建築物」的長度達到六公里。比埃及最大的克夫

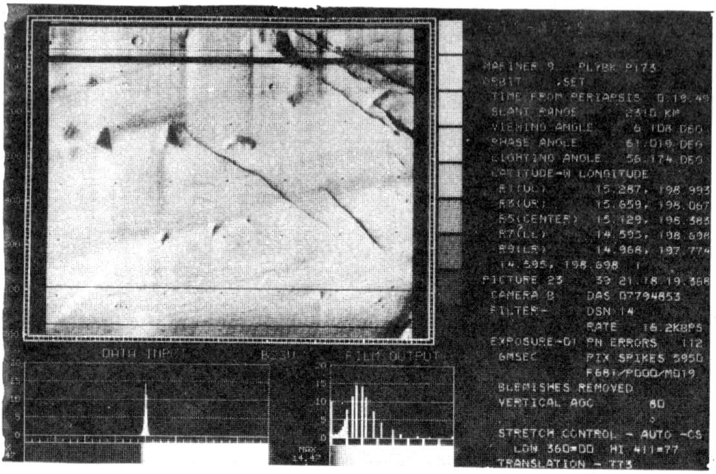

水手九號拍攝到的火星，南半球的「三角金字塔」群。最大的「金字塔」比地球上的大10倍以上，體積大1000倍以上。

王金字塔還大十倍以上，體積更大一千倍以上。

當然，NASA把這些「金字塔」視爲「自然力量所形成的幾何學形成物」，嘗試進行各種説明。例如：二位太空科學家馬克·吉普森與威克塔·亞布洛大衛更提出幾種自然力的組合，認爲可以造成天然的金字塔丘。

首先，就是風所形成的切子面形成作用説。像圓錐火山或流出溶岩的凝固山塊，長時期受到風沙的侵蝕，而形成多角形丘，並舉出實例，認爲在地球上風强勁的秘魯沙漠中，存在著多角形構造的丘群。因此，認爲在火星阿里西姆平原附近的地形，也有砂的移動，看似風强勁的場所，似乎很符合這種説法。

但是，我認爲舉出秘魯的實例並不恰當。我曾經爲了收集遺跡的資料，而到秘魯去過好幾次，親眼目睹過該處的實際物體。首先，以尺寸的大小來說明，對於這一點我就深感懷疑。

此外，秘魯的山丘欠缺四面體這種幾何學的規則性，而是複數的丘連續排列，不像火星的丘那麼孤立。因此，以秘魯的例子來說，配合風吹的方向而形成切子面，這種說法大致符合。但是，以火星的情形來說，似乎並不符合。

更令人感到諷刺的是，根據近年來考古學調查發現，包括秘魯在內，南美各處的這種山丘集團，實際上是在太古時代所建造的神殿金字塔的風蝕物。

第二項說明是，當火星還處於青年的形成期，在地殼變動的激烈時代，從噴火口噴出大量溶岩，形成特殊的凝固方式。表層迅速凝固，形成花崗岩，但是下層還未凝固，而由於溶岩流的强大力量使表層破碎、旋轉以後，造成一角突出於地表，而凝固成現在的形狀。

但是，這種假設只不過是紙上談兵的空談理論。實際上，在地球上也不曾看過這種地形。如此巨大的岩塊卻具有相同形狀的角。而且，以相等的間隔，以同樣的方式突出於地表。這種偶然形成的機率，宛如天文學一般的數字。

第三項說明則稍微具有說服力，即係由地球上冰河流動的力量所削出來的。以地質學而言，是所謂「冰蝕尖峰」的現象。當然，現在的火星沒有冰河的現象，但是在遙遠的過去，存在大量水的可能性。如稍後爲各位所叙述的，這是經由發現宛如河床遺跡的事實，而證明了這種說法。

但是，在地球的冰蝕尖峰，其周邊一定留下一些未受到冰蝕的群山。不過，在特里比姆·查倫提斯卻不具有這種山的存在。此外，冰河流過的痕跡中，一定會有傷痕或冰堆石等證據殘留，可是完全没有發現這種證據。同時，冰蝕尖峰並不具有三角錐等的規則性。最後的說明則是，認爲在地表形成的被覆岩層、岩脈、火成岩等地層，因爲地殼變動的結果而翻轉時，由於水、冰、風浪等的侵蝕作用，只有柔軟部分被消除所形成的。

這些實例在地球上到處可見，但是依作用物質性質的不同，應該擁有具有特徵的痕跡存在。藉此才可以說明是經由風或冰的作用，或是水或波浪的作用所造成的。但是，這些痕跡在「火星三角洲」的周邊完全不存在。

「古代都市遺跡」火星印加城

由此可知，我們不能說「火星金字塔」是自然形成物，最好的假設應該說是它像埃及金字塔，是人工建築物。

水手九號又在火星南極附近，南緯80度/經度64度的地點，拍攝到非常異常的地質構造物。

檢討這照片的NASA海盜計劃負責科學家之一，吉姆·卡茲博士與國立地質調查所的拉里·索達布洛姆博士，將這奇怪的地形命名爲「印加城」。這些寬四至五公里的正確長方形的集合體，就好像秘魯的印加帝國的古代都市遺跡的照片一樣。

但是，這真是「古代火星都市」的遺跡嗎？

卡茲博士並不否定其可能性。

「的確，它予人一種古代建造物廢墟的印象……，等間隔的平台連續出現。而且，具有規則性，正確排列，讓人覺得不太舒服。以自然地形而言，這的確是令人難以想像的特徵，這種構造物似乎擁有一種幾何學的秩序。」

此外，索達布洛姆的同事，哈洛爾德·馬沙斯基博士說明個人的見解如下：

「以幾何學而言，排列過於整齊，不能否定這是具有智慧的生物活動的象徵。若是自然形成物，這種具有直角構成要素的地質構造物，實在是特例中的特例。」

大衛和莫雷那爾從龐大的海盜照片資料中，成功地找出了「印加城」地點的照片。

但是，海盜二號所拍攝到的225B69的照片中，很遺憾地只拍攝到被沙覆蓋的光景。經過四年的歲月以後，這地區被風沙侵蝕。也許，這「火星都市遺跡」的地形物已經被沙掩埋住了。

和「人面岩」或「金字塔」一樣，實際上在人類到達火星之前，「印加城」已經成爲完全無法解開謎團的謎了。

但是，這些具有建造外觀的火星地形物，若真是人工物，則它們到底是如何存在於火星外面的呢？有以下三種說明。

①這些建築物是由在火星誕生、進化，建造文明的真正火星人之手所建造出來的（原住火星人說）。

②史前地球文明存在著高度技術文明，甚至進入火星，而留下這些建造物（先史地球人說）。

③來自太陽系外的外星文明人在火星建立殖民地，而建造這些建築物（外星文明人說）。

不論是何種可能，最重要的是擁有人類臉龐的「人面岩」的存在，可以讓我們了解到，這與我們地球人類的文明的確有所關連。

就這意義來看，人類與火星的關係可能要從歷史觀點來回顧一番了。

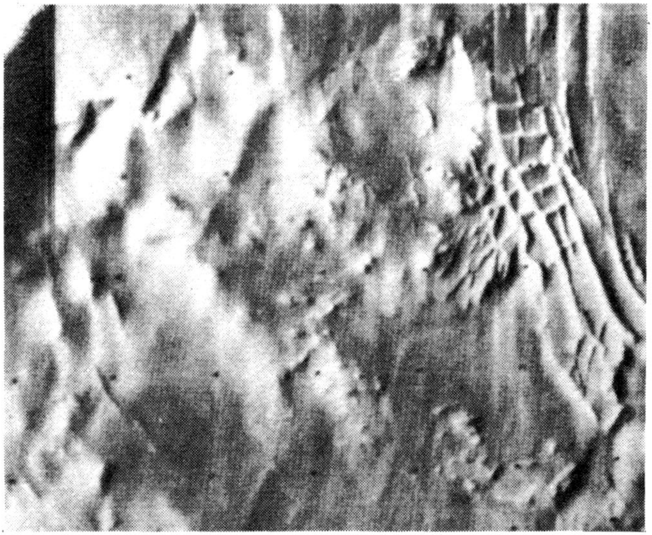

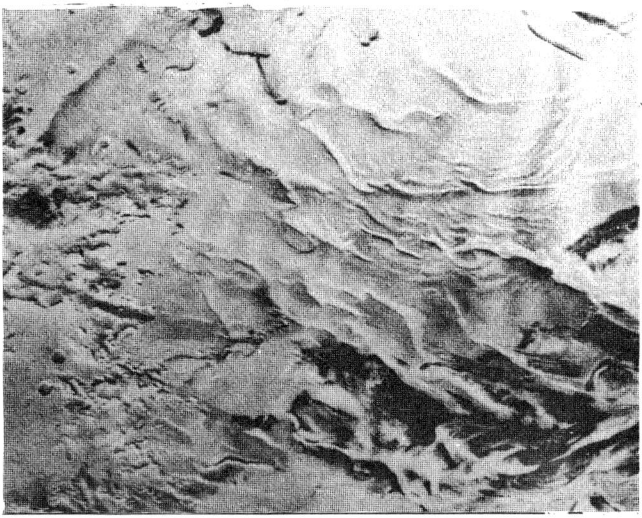

謎樣的地質構造物「印加城」（上方照片的右部分），很遺憾地被埋没在激烈的風沙中（下）。

超古代火星神秘❷

隱藏神秘的不祥之星——火星

火星是可以居住的地球的弟星嗎？

自太古以來，人類對火星所抱持的情感與其他星球完全不同。

恐懼——類似畏懼或敬畏之念。夜空中的火星，散發著一片紅色的光輝。看似血的顏色，令人聯想到帶來戰爭與災厄的可怕，因此火星被許多民族視爲是不祥之星。

日本稱之爲焰星，中國稱之爲熒惑，被視爲是災難或戰亂的前兆，而令人感到恐懼。

此外，自地球最古老的蘇美文明以來，近東、中東或希臘、羅馬的古代文明到近代歐洲文明爲止，火星常被視爲是戰神、軍神，而令人感到恐懼。

近代以後，由於天文學的發達，使我們了解到火星也是一種行星，是比地球小一圈，生命可以居住，像弟星一般的星球。

當然，連帶地會讓人想起，火星是否會有智慧生物的存在。

一八二〇年，德國數學家卡爾·高斯提議，爲了引起「火星人」的注意，最好在西伯利亞的廣大針葉樹林中，建立三角形的小麥田。法國的夏普魯·克洛斯也不甘示弱地提出了建設巨大鏡子，聚集太陽光線，在火星的沙漠燒出數字來的異想天開的構想。

一八九九年，美國的發明家尼克拉·提斯拉，實際上嘗試「行星間通信」。在位於克拉多的自己的實驗場中，從直徑二十公尺的巨大發電線圈中，產生强力電磁波。結果，電燈泡的光只能到達四十公里遠……。

但是，連天文學界對於「火星人」產生爭執的最初關鍵，就在於意大利的天文學家喬汪尼·斯吉亞帕雷里。一八七七年時，他在正位於衝（外行星夾著地球與太陽，在相反側的位置，是距離地球最短）的位置，火星表面上看到了如細格子一般的痕跡。

他以意大利文稱這線條構造爲「水路」，但是翻譯成英文時，卻被誤譯爲「運河」，而予人一種人工化的印象。也許，因爲當時蘇彝士運河剛剛完成，而身處於運河建設時代，認爲與此有很大的關連吧！

完全接受「運河」說，相信「火星文明」的存在，是業餘天文學家，即美國的資產家帕西瓦爾·洛威爾。後來，他成爲「爲火星神話注入生命的男人」，而享譽世界。

他投入龐大的財產，在絕佳的觀測地亞利桑納的觀測地建設專門用來觀測火星的天文台。同時，助手們日夜傾注全部精力，製作成「運河」的精密地圖。

「火星整個地表的八分之五都由運河網所覆蓋，證明這是高度發達的文明，火星人將其技術力利用至最大限度，把因爲沙漠的擴大而瀕臨毀滅的整個行星，利用由冠狀地帶引水灌溉網而能夠重生。」

洛威爾的主張深深吸引著愛好幻想世界宇宙的人。後來，每當火星接近時，就會掀起一陣「火星熱」。

潛藏在人類意識深處，對火星的恐懼

但是，洛威爾的「運河」發現與「火星文明」說，卻喚起了自古以來，深藏在人類深層意識深處，對火星的不祥恐懼。

一八九八年，由英國的文豪H・G・威爾茲所發表的『宇宙戰爭』，描述火星人侵略地球的景象，受人歡迎，這絕對不是偶然的事情。

這種對於「火星的恐懼」絕對不只是一種幻想上的樂趣，其證明就是在一九三八年，當威爾茲的作品在美國編成廣播劇播放出來時，民衆誤以爲是將來可能會發生的事，而陷入恐慌中。這是非常著名的事件。此外，還有關於「火星人侵略地球」的流言，在一九五五年時，散播於俄國全境。爲了鎮住這一股騷動，還特意請天文學家召開記者會。

當然，在地球人的科學技術力發展的背景下，反而喜歡關於研究火星的課題，像地球的超能力當成爲英雄，而非常活躍的艾德加・萊斯・巴洛茲所寫的『火星公主』系列，或是

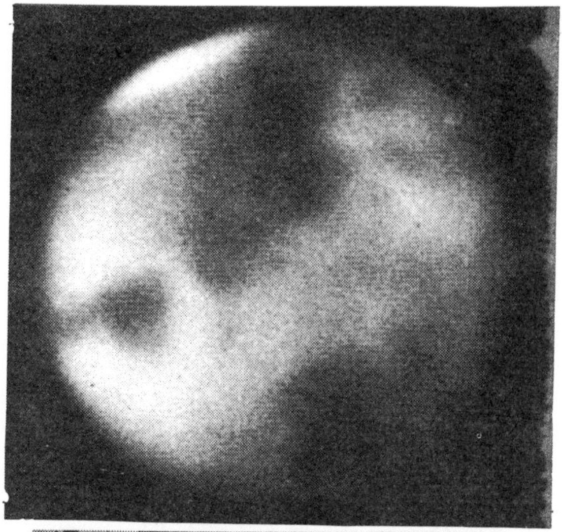

被視爲血色、不祥星球，自太古以來便爲人所畏懼的火星。上部泛白的部分是冠狀地帶。

洛威爾經由「觀察」而作成的火星「運河」網的精密地圖。

埋首於火星觀測的洛威爾。

以豐富的詩情描述毀滅的火星文明悲劇的雷·布拉德貝里所寫的「火星年代記」等，與「宇宙戰爭」並稱爲描述火星的科幻古典鉅著，到現在仍然受人喜愛。

現實的天文學界從一開始時，對「運河」的存在便存疑的天文學家非常多。火星表面的微妙色調和陰影的變化，再加上從搖動的大氣底來觀測的惡劣條件，能夠個別清楚識別過於微小的部分，可能是人類本身妄下斷論——可能是因爲一心想要看到「運河」，而產生了這種錯覺，這就是這些人的判斷。

實際上，不論費多大的工夫拍攝，但是照片上也絕對不會拍攝到「運河」。結果，證明了洛威爾的「運河」說完全是錯誤的。一九六五年七月十五日，無人偵察機水手四號首次接近通過火星，電傳回來的二十一張照片中，完全沒有「運河」的蹤影。

但是，爲顧及洛威爾的名譽，在七張照片中，發現地殼的巨大龜裂或山稜、火山口的連鎖地形，與「運河」的位置一致。但是，在這些地方並沒發現真正的運河。總之，對於火星的幻想剎時消失。

「格列佛遊記」中所寫下的驚人內容

自人類文明發祥以來，對於火星獨特的畏懼，難道只是因爲其血般的紅色所造成的聯想嗎？當然並非如此，而是在歷史開始以前，應該是由某些具體的事件而成爲聯想的起因。一段文學傳聞中，就有這種微妙的暗示。

相信大家都知道『格列佛遊記』一書吧！那是英國的諷刺作家強納生·司夫卡在一七二六年所寫的諷刺文學最高的傑作，其中除了小人國、大人國以外，還有漂浮於空中的島「拉標塔王國」出現。

關於這王國，科學家的活動格列佛所敘述的部分，有以下奇妙的部分——。

這些「拉標塔的天文學家」又發現了二個環繞火星的小「衛星」，在內側的衛星距離母星的中心，直徑大約有三倍的距離，而外側則距離五倍遠。前者費時十小時，後者則費時21小時進行公轉。因此，二者公轉時間的平方，與從火星的中心到二者具體的立方，大致呈正確的正比。由此顯示出這些衛星，都是由與作用於其他天體同樣的引力法則所支配的……。

大家也知道，『格列佛遊記』是在比發現火星二個衛星更早一五〇年前所寫的著作。但是，司夫卡所幻想而描寫的二個衛星，與實際的二個火星衛星，不論是數字或與母星的距離、公轉周期等，都非常接近。

這種神奇的吻合絕對不能輕易地以偶然的巧合來說明，難道司夫卡具有預知或透視的才能嗎？還是在他那個時代中，就已經利用以某種形式或殘留下來，但是現在已經失去的片斷的天文知識呢？若真是如此，那麼這天文知識的起源到底是從何而來，從哪一個時代開始的呢？附帶一提，火星的二個衛星名之爲福波斯、迪莫斯。這名稱是在一八七七年，由美國天文學家亞瑟・賀爾在發現時，予以命名的。代表希臘神話的軍神亞雷斯（相當於羅馬神話中的戰神馬爾斯）的二隻拉戰車的馬，意味著「恐懼」與「恐慌」。這名字取得的確令人感到不舒服。

福波斯與迪莫斯還隱含著重大的秘密。美國最早的無人火星偵察機水手四號在送入太空屆滿二年之前，NASA的應用數學部主任雷蒙・威爾森在記者面前，透露了以下的事實：

「為確認福波斯是否真的有巨大人工宇宙基地，因此現在還在設計偵察這些情形的宇宙偵察機……。」這頗耐人尋味的發言的根據，就在於數年前，由俄國的宇宙科學家所發表的驚人說法。

那就是一九五九年，由著名的天才宇宙物理學家尤吉夫・休克洛夫斯基博士在俄國科學研究院所提出的公報〈福波斯人造衛星的可能性〉。主要的主張如下：

「根據以往觀測資料的信賴性，認為火星的二衛星——尤其是內衛星福波斯並不是天然的天體，大部分是由鋁所構成的人造物體，可能內部是中空的。」

在火星文明時代，有宇宙基地嗎？

休克洛夫斯基博士之所以提出如此驚人的理論，其理由如下：

①福波斯以環繞一週七小時三十九分，也就是火星自轉速度約三倍的速度運轉。從地

擴展幻想範圍，而描繪出的宇宙戰爭，將地球侵略場面描繪於紙上的威爾茲時代的科幻雜誌。

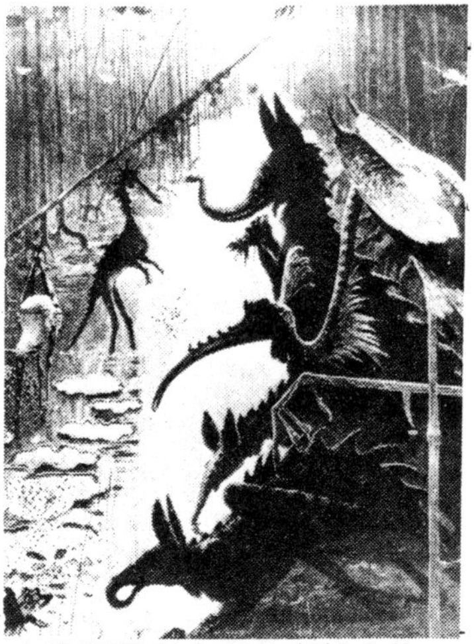

由這張圖所表現的奇妙生物，反映出人類對火星的恐懼……。

火星衛星福波斯狀如馬鈴薯，是小衛星。長軸27公里，短軸19公里。

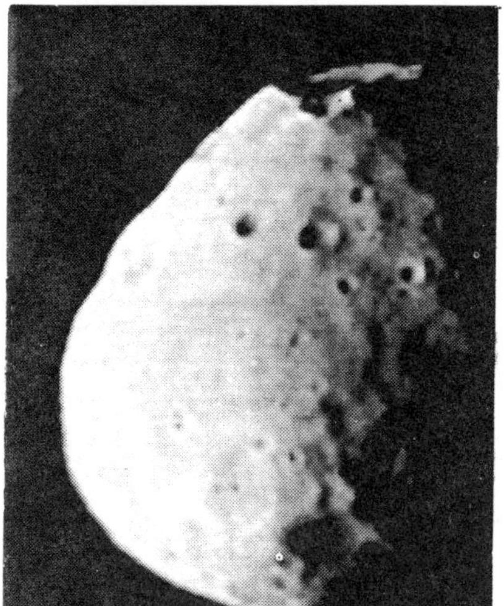

文豪威爾茲的「宇宙戰爭」中，完整地描述火星侵略地球，而深受人歡迎。

表來看，就好像太陽會三次從西邊昇起，在東邊落下一般。

在整個太陽系中，只有福波斯是具有如此特異行動的衛星，這與具有同速度運轉的星間物質的凝縮所生成的天體發生理論的說明互相矛盾。

②根據光譜分析，福波斯與迪莫斯的反射光中含有鋁。這物質是在單獨自然狀態下，也就是在化學或宇宙的任何角落，都不可能存在的物質，因爲其生產需要高度的精鍊合金技術。

③福波斯的軌道高度約六千公里，迪莫斯則約二萬公里。在整個太陽系中，沒有看到過如此能接近母星公轉的天然衛星。

④福波斯的直徑約十六公里，迪莫斯約爲八公里（這都是當時的推定值。從地球來觀測，發現兩衛星距離母星太近，而無法看清輪廓，只能由光量來反計算）。但是，在整個太陽系中，不曾見過這麼小的天然衛星。

⑤根據過去六十年的觀測資料顯示，福波斯只增加了一點點的速度，而結果軌道半徑持續減少。由這比例來計算，福波斯在今後一千萬年到二千萬年以內，會落到地表。

會出現這些現象的一般理由就是，大氣所造成的阻擋，或是潮汐效果所引起的摩擦、磁場所引起的阻擋、輻射線壓的影響、天體力學的攝動（由引力所造成的運動干涉）等，這些都與觀測火星的事實互相矛盾。因此，福波斯行動只能夠認爲是人造衛星的行動。

⑥由福波斯觀測資料推定的密度，難以令人認爲它是天然衛星，因爲具有不亞於火星

重力潮汐力的强度，所以若不具有堅强的外殼，爲中空物體的話，是很難加以說明的。然而，天然天體中都有中空物體的存在，就理論而言，是不可能的。

於是，休克洛夫斯基博士根據這結論，在幾億年前的太古時代，火星文明繁榮的時代，以宇宙旅行的目的而建設了宇宙站。

從那時候起的十二年後，一九七一年到七二年時，送入太空成爲環繞火星的最初人造衛星水手九號，將拍攝到包括福波斯、迪莫斯照片在內的七千張以上的照片，傳回地球。照片中所拍到的二衛星，是像月球一樣，充滿坑洞的橢圓形球形天體，由外觀來判斷，的確是天然的衛星。

所觀測到的二衛星的呎吋，也遠超過以往的推定值，福波斯的長軸爲二十七公里，短軸爲十九公里；而迪莫斯的長軸爲十五公里，短軸爲十一公里。

但是，它們依然是太陽系最小的衛星，由休克洛夫斯基博士所指出的其他謎團，並沒有獲得解決。福波斯的表面反射能（反射率）只有五％，非常低，可說是太陽系中最暗的天體。此外，福波斯和迪莫斯具有長軸經常朝著火星的獨特特徵，這又是一個新的謎團。

因此，地球的宇宙科學家認爲外觀是天然，卻不能斷定出是否有任何加諸人工之手的建造。此外，在火星本體上，也陸陸續續地發現了許多人造物一般的巨大構造物——。不只是「人面」或「金字塔」，還有很多呢！

超古代火星神秘❸

這些事實證明古代火星文明！

在人面岩附近圍繞胸壁的城砦為何？

「……由建造物幾何學的規則性，可以明顯證明有智慧生物的存在。」

卡爾·塞根博士在其所著的『宇宙』一書中，有這樣的叙述。在此，他所謂的幾何學規則性具體而言，就是格子狀的道路或立體交叉的高速公路等。這就有如乘坐客機，由窗户俯看地表時，任何人都可以看到地球人活動的象徵一樣。

但是，要從軌道飛行中的太空船這麼做，並不是一件簡單的事。根據解像度較低的人造衛星的電子畫像，要來掌握具體的資料是很困難的。甚至塞根本身也説，檢查由氣象衛星所拍攝到的數十萬張照片之後，能夠顯示出人類活動的只有一張——拍攝出在雪中平行的木材所切穿的道路之照片而已。

但是，因爲「人面岩」的發現而深受吸引，想要找尋其他隱含人造可能性的構造物，進行宇宙照片分析挑戰的科學記者出現了。

他的名字叫做理查·荷格蘭，是專門報導宇宙科學的老練科學記者，和塞根也是好朋友。據說最後飛到太陽系外的無人木星偵察機先鋒10號、11號，載有塞根夫妻所託付著名的「送給外星人的通訊板」。實際上，他卻是背後的發起人。

荷格蘭所注意到的是，當「人面岩」抬頭仰望天空時，在同樣的塞德尼亞地區內，點綴著一些「構造物」。

首先注意到的，就是在「人面岩」西方十公里附近的一個方形構造物，二片厚的「牆」呈直角相接，內側有暗「洞」。

此外，一部分覆蓋在西北側，很明顯地大致呈正方形的另一個矮「牆」，也形成包圍三方面的形狀。感到有如「被胸壁包圍的城砦」一般，荷格蘭稱之為「要塞」。「直線壁」長度接近二公里，非常巨大，地球上沒有任何牆壁可與之比擬。

覆蓋暗「洞」西北側，像火箭形狀的物體，看起來像是急傾斜的斜面，好像「洞穴」的蓋子脫落一般。若是自然形成物，卻呈現出奇妙的幾何學構造。在其西側並排的地形物也是如此，能夠清楚看到稜線的頂點，以及映照陽光的斜面，長而尖的黑色三角形狀的影子……。在這附近也可以看到典型的「金字塔」。

泛白生輝的二邊，長度都是一·六公里，好像朝邊的中央靠攏似地，可以看到讓人覺得像「附屬神殿」的小型構造物。雖然很小，但是，卻能與埃及金字塔相匹敵尺寸，由此便可以推測「主金字塔」的巨大了。在東北邊的「神殿」，則像崩塌的圓錐狀金字塔，而西南邊的神殿則呈現金字塔狀。

是高度科學技術的結晶嗎？——「都市複合體之跡」

在周邊還有毀壞度非常大，原本應該具有「金字塔」形形狀的構造物，或是尖而小的「圓錐」體，形成聚集在一起的集合體。大致呈直角相鄰，整體長八公里，寬四公里，呈現正確長方形的區域。北與南之間，似乎可以看到「街道」相連。

這時，荷格蘭的腦海中所想到的是，要建立如此巨大的建築物。這「建造者」至少必須要有居住場所，而且在那裡居住一定期間。

於是，他把這區域取名為「城」。

「城」的中心部有排列異常的形成物，吸引其注意。四個「小建造物」構成正方形，而在對角線交叉的中央，還豎立一個「小建造物」。

這個有角的「小建造物」形狀稍長，中央看似圓錐狀。外側的四個所形成的各邊，都會正確地朝向東西南北。每一個「建造物」的高度都超過三十公尺。

全體的排列讓人覺得人工化，感覺有如「市內廣場」一般。

這時，荷格蘭又產生了靈感。

〈難道這「城」的居民一旦站在「市內廣場」上，就能夠清楚地看到橫陳在東方十公里處的「人面岩」嗎？〉

用尺量時，發現的確如此，中央有寬廣的平原，完全沒有任何障礙物。令人驚訝的是，離開「市內廣場」不遠的區間，其假定線上卻能夠略微看到直線狀的「堤防」，好像「大路」也通到那兒一般。

但是，火星是小的天體，因此地表的曲率較大。站在地上時，到地平線爲止，只有四公里。

但是，「人面岩」本身具有接近一公里的高度。即使沒有這麼高，可是只要看構成「市內廣場」的「小構造物」的高度，就可以了解到可以看到四十八公里遠的距離。

此外，荷格蘭會認爲這區域是「都市複合體」，那是因爲他還有另一項重要的發現。

有一天夜半時，他在上床以前像平常一樣，用放大鏡仔細凝視由大衛和莫雷那爾利用「互插技術處理」所處理過的35Ａ72照片。

這時，在「要塞」與「主金字塔」的黑影中間附近，以前從來沒有察覺到的小「鋒窩」結構出現了。那是在火前狀斜面尾部的下方。仔細調查發現，「蜂窩」的小洞的排列具有一定的規則性，讓人覺得好像是一種隆起的立體物。頂上平坦，看似一種階梯平台狀，整體已經遭到破壞，大半裸露，予人「小屋的集合體」或「格子構造體」的印象。每

↑從「市內廣場」到「人面岩」畫一條直線，這之間沒有任何阻礙物，能完全看透「人面岩」。

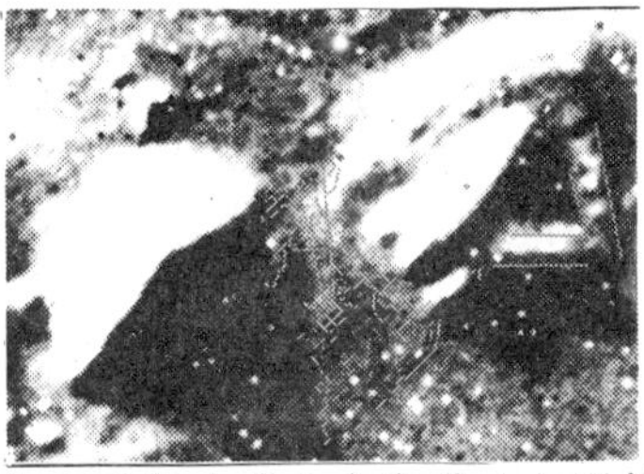

↑「要塞」與「金字塔」之間的「蜂巢」階梯狀的人工建築物之影像清晰可見。線是强調其構造。

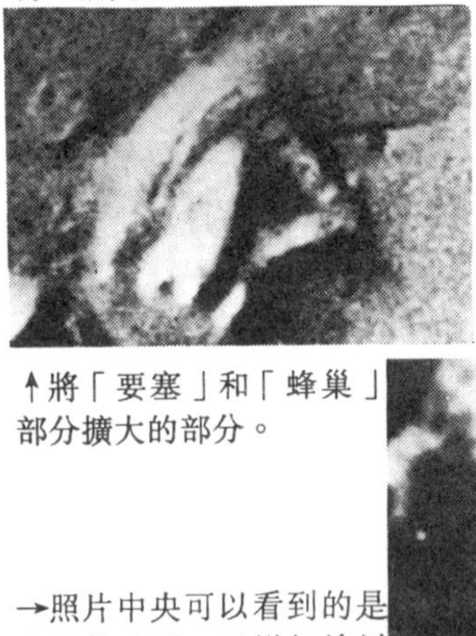

↑將「要塞」和「蜂巢」部分擴大的部分。

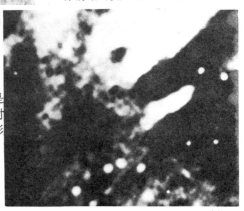

→照片中央可以看到的是「蜂巢」型。要詳細檢討的話，則這小洞的排列形成一種規則性。

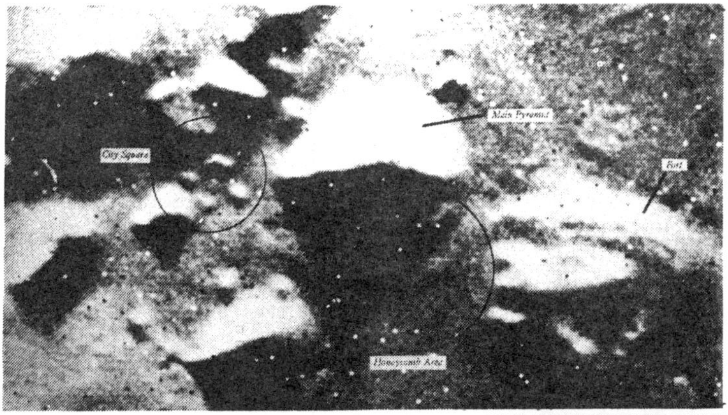

↑「城」的放大照片。在中央的是「主金字塔」。左邊的圓內爲「市內廣場」，右下方爲「要塞」，在其左側的圓內爲「蜂巢」型。
→「城」内的「金字塔」群復原以後，變成這種情形。這是實物的電子畫像。
↘修正晒到太陽的側面。
↘修正影子的部分時，……。
↓由〈獨立火星調查組織〉成員之一的畫家所描繪出的「主金字塔」和「要塞」附近。

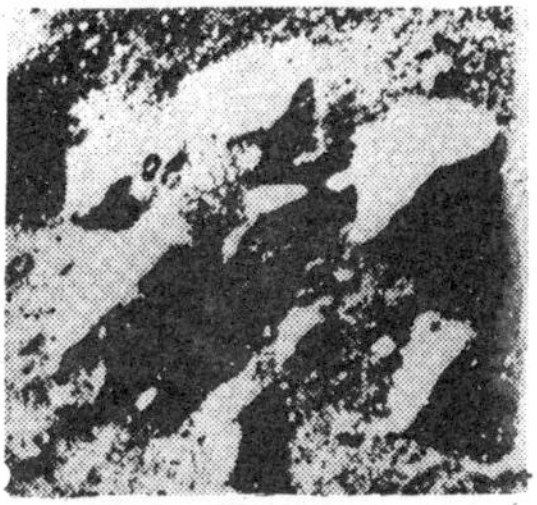

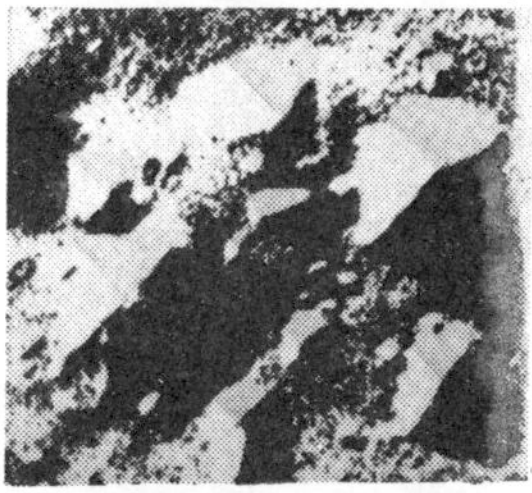

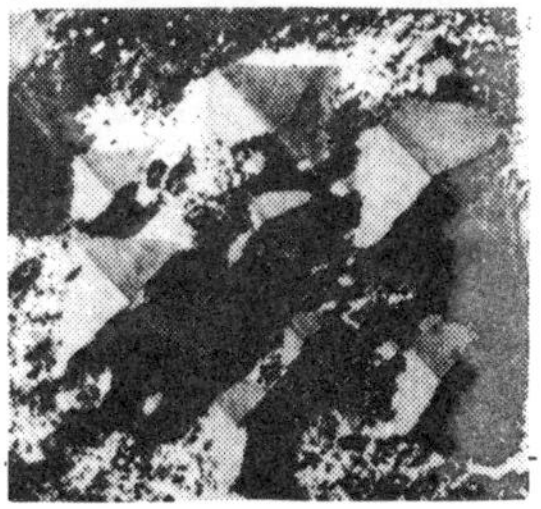

一個寬約一·六公里，是巨大的「建造物」。

後來，參與荷格蘭研究的協助者，大多認爲這一點應是「電腦處理上的錯誤」，提出「誤認」說，與荷格蘭相對立。但是，他卻清楚地了解到，以土木建設事業的比例尺來看，與地球的古代遺跡有顯著的不同，這應該是一種高度科學技術的結晶。

完全配置於冬至、夏至線上的遺跡群

此外，荷格蘭的重要發現不僅止於此。

包括「人面岩」與「城」在內，各構造物之間具有整齊的排列關係。大衛和莫雷那爾在電腦分析報告中，指出「補强的巨大金字塔形牆壁」是：

「一邊的垂直線朝向北邊。」

做了這樣的指出。

連接「城」與「人面岩」的假設直線。乍看之下，與這子午線（南北線）直交。不過，並沒有作嚴密的測定。這不是單純的東西線，而是呈現東北/西南走向。

換言之，是朝著火星上的日出與日落的方向。

如此一來，會產生的問題與地球上的許多古代遺跡一樣，其方向線是否與火星過去特定日——尤其是受到重視的夏至日的日出方向（夏至線）一致呢？

爲甚麼會說過去呢？因爲第一、這看起來是太古技術文明的遺跡，第二、火星與地球一樣，地軸傾斜，因此長年累月重複增減，而與現在的夏至線不一致。

根據最近的學說，認爲火星地軸的傾斜大約在一〇〇萬年的周期內，會在十五度至三十五度之間傾斜，而現在大約是二十五度。

荷格蘭由「城」與「人面岩」的幾何學構造，而認爲更合理的理想基準線是「市內廣場」中央的「圓錐」通過「人面岩」口裂孔的直線。

這計算的結果，其基準線具有夏至線機能時代的火星地軸傾斜度，大致爲二十度——大約在五十萬年前出現！

（正確說來，可能是出現在一五〇萬年前、二五〇萬年前，或是更早的時候，但是由於目前並沒有直接的證據，因此無法特定出某一年代來，只能假設出最近的年代。）

換言之，五十萬年前的夏至日，從「室內廣場」遙望遙遠的地平線時，朝陽正好從「人面岩」的口中昇起。

對荷格蘭而言，這整列關係也是發現另一特異「構造物」的機會。

連接「城」與「人面岩」的「太古夏至線」就此往東延長，在隕石坑前看到聳立的楔形「絶壁」。

這是非常奇怪的「絶壁」，長約三•二公里，西北端最高（數百公尺），寬度也最寬

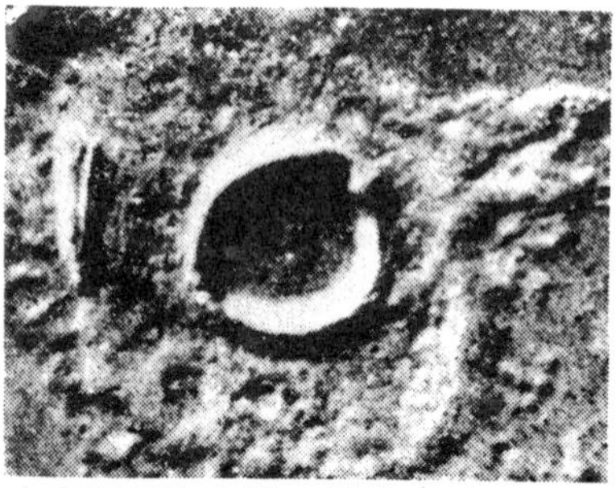

中央隕石坑左邊，是擁有垂直壁的「絶壁」。壁的長度約3.2公里。

包括「人面岩」在內的各構造物，用直線相連的話，則首先由「市内廣場」(b)通過「人面岩」(d)，到達絶壁(e)，爲「太古夏至線」的存在。此外，從「市内廣場」(b)到「人面岩」(d)通過「眼窩」和「下巴」的線，到達「絶壁」(e)的兩端。從城(a)的一端到「絶壁」(e)爲止的距離，爲1：2：4：8的比例關係。

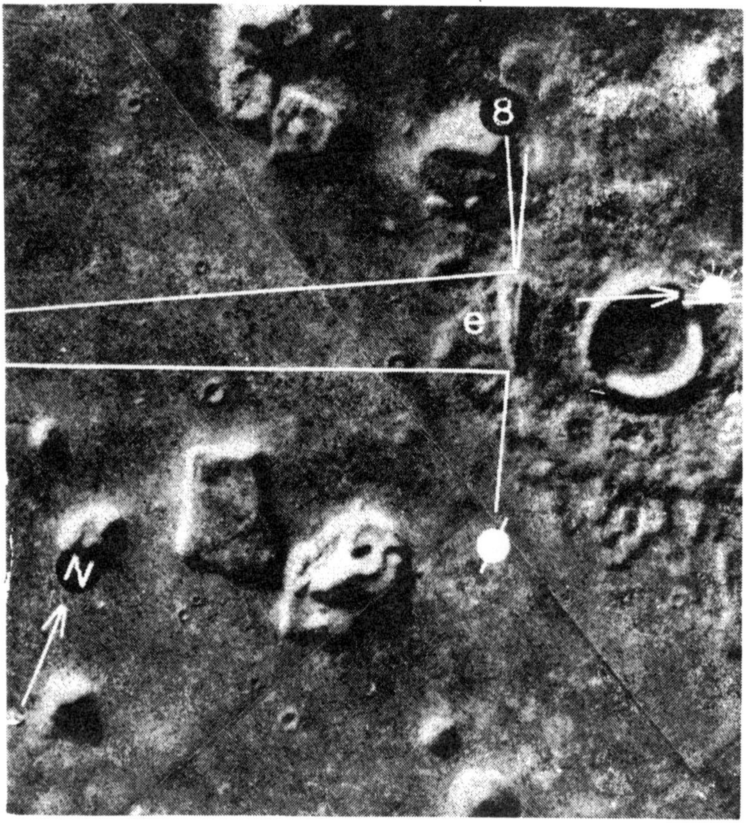

以「人面岩」爲主的各建造物方位表示圖，垂直線表示南北。

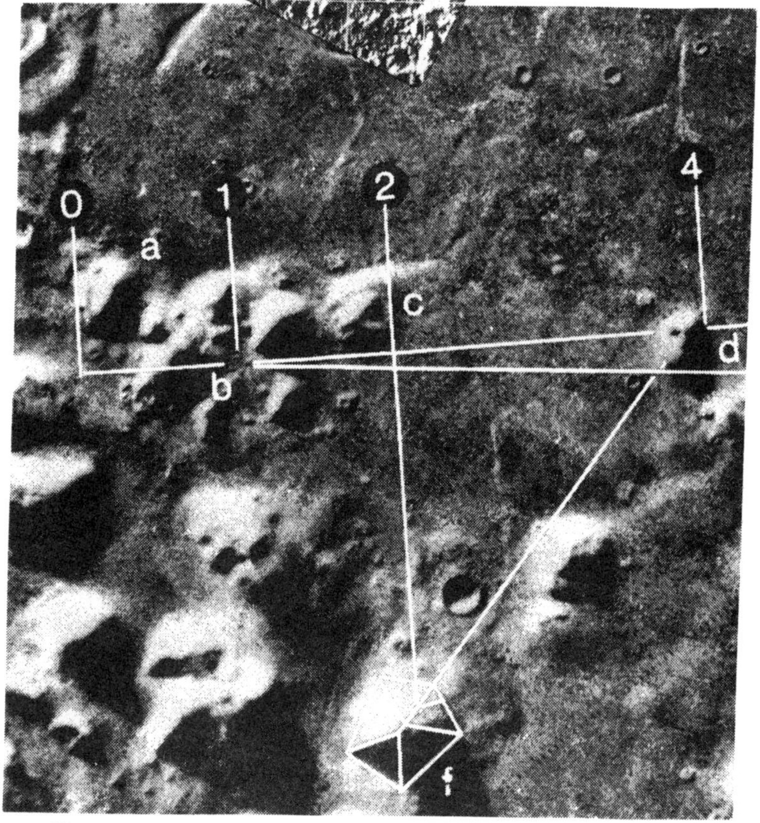

（八〇〇公尺）。朝向東南端時，漸漸變矮、變窄。隕石撞擊成的隕石坑，到周圍廣大噴出物上，出現完全沒有破壞痕跡的絶壁。很明顯地它是比隕石坑的生成年代更新的東西。

面向「人面岩」的一面，與「人面岩」的中心線平行伸展，因此與前述的夏至線正確垂直。

換言之，站在這「絶壁」的一點，就可以遙望「太古冬至的太陽」往「人面岩」口中下沉的光景。

此外，荷格蘭發現了頗耐人尋味的新的整列關係。

由「市內廣場」的中心點通過「人面岩」的「眼窩」的直線，再繼續經下延伸時，到達「絶壁」的西北端。另一條由同樣的出發點而略微通過「人面岩」「下巴前端」的線，卻反而會到達東南端！

由此可知，這「絶壁」絶對不是偶然聳立在那兒的，可視爲是「人面岩」或「城」等壯大地形設計的一環，是有意建設出來的。當這「太古夏至的太陽」從地平線升起時，爲了隱藏背後的隕石坑，使得前面的「人面岩」浮現在地平線上，因此才製造出所謂的「人工地平線！」

荷格蘭確信如此，這的確是令人感到驚訝的發現。

探索火星文明的計劃也誕生了

由暗示「古代火星文明」的實際存在的許多發現，得到鼓勵的荷格蘭。為了進行真正的研究，而尋求一些能幫助他的專家「同志」，而組成了研究團。

研究團的名稱是〈獨立火星調查組織〉。

所謂獨立就是，原本並非有志一同的團體，而是因為諷刺保管關於火星資料的NASA這種調查的主要存在，表明這研究與NASA的任何機構都無關。

以大衛、莫雷那爾、荷格蘭三人為主，所集結的團體，人數雖少，但是卻是一些少壯氣銳的科學家或技術家，從一九八四年開始展開活動。

例如：世界首屈一指的研究所，史丹佛研究所的物理學家朗巴特·德爾芬（前些年，是擔任利用尖端技術，進行埃及金字塔調查的負責人），與其同事地質學家比爾·比提，以及研究發展公司的地圖學家馬頓·戴維斯、分析科學研究公司的畫像學家馬克·卡洛特、總統諮詢宇宙委員會成員之一的大衛·威布、阿布羅計劃科學太空人布萊恩·奧雷亞里、加州大學柏克萊分校的物理學家湯姆·洛亭巴格、同系統的科學家威斯特·丘昔曼，以及社會文化人類學家朗德福·波索斯等主要成員，全都是有博士頭銜的人物。

有了解計劃的史丹佛研究所提供五萬美元的資金，成員再加上助手，分為畫像處理、地質調查、測光分析、構造工學、文化人類學五組，熱心進行研究。

這研究團體後來改稱爲〈火星計劃〉，現代人持續「古代火星文明」的研究。原本並非所有的人都意見相同。如前文所談及，尤其是荷格蘭所主張的「蜂窩」構造，認爲是人工「格子構造體」的假設，幾乎所有的成員都認爲：

「這是在進行『互插技術處理』時，所產生的電腦錯誤。」

表明了否定的見解。

但是，荷格蘭與少數的支持者卻指出以下的二根據，而依然無法放棄人工物說。

第一即假設在「互插技術處理」時，產生的錯誤。爲甚麼在其他方面卻無法發現完全相同的錯誤呢？

第二即會產生「蜂窩」型態，可視爲是一種波紋現象。這裡所說的波紋，就是二種以上不同的規律型態（波形、花紋等）重疊時，會產生第三種型態。這種現象在音響或畫像重複時，經常會出現。舉例而言，印刷物的格子重疊時，這部分會受到污染，而形成第三格子。

「換言之，事實上火星地表存在著某些規則性的型態（即人工物），而這畫像在進行『互插技術處理』時，這部分就會產生波紋現象——也就是『蜂窩』型態！」

這是荷格蘭等人所作的判斷，這可能性的確非常大。

發現與達文西人體圖相符的五角金字塔！

〈獨立火星調查組織〉所展現的成果之一，就是發現「五角金字塔」。正確地說，應該是「利用牆壁補强的巨大金字塔」與大衛和莫雷斯爾所報告的金字塔（取二人姓名的開頭文字，而稱爲「D&M金字塔」），實際上不是四面，而是五面物體。

側面受到隕石的撞擊，而稍微歪斜。可是，從影子中來看，的確是可以看到第五面牆壁。與較短的三邊相對，較長的二邊的比例，正確的比例爲一比一·六。再仔細調查，發現面向「人面岩」的側面，左右形成互相對稱的「三叉」形狀，而中央的稜線方向垂直地朝向「人面岩」（參照五七頁照片與圖）。

均勻美麗的「五角金字塔」，使荷格蘭想到一比一·六的比例，與數學或美術的「黃金分割」比的數字非常接近。

此外，他又察覺到另一令人震撼的可能性，那就是由近代大藝術家里奧納多·達文西所描繪的著名人體像「正方圓內的男子」，與這五角形完全吻合！

據說達文西在這圖上所應用的是，從太古傳承下來的「神聖比例」。

「火星上的『五角金字塔』與從地球太古傳承下來，展現神聖比例的『人類的肉體』，和造形完美的『人類的臉』之間的關連，絕對不是偶然的惡作劇。」

這是荷格蘭所指出的重點。

此外，〈獨立火星調查組織〉的成員們，又報告了許多研究成果，例如——。

在「絶壁」背後，有發掘作業的痕跡。此外，從那兒朝頂上部有往上攀登的寬數百公尺的「接近路」的存在。這個方向距離正北方有二十度的差距，但是這卻表示連接成「人面岩」、「絶壁」的直線，在當成夏至線機能的時代，與火星地軸的傾斜度相同。

這「太古夏至線」的長度，若從「城」的西南端到「市内廣場」的中心爲一，則到「城」東北端的「要塞」爲止爲二，到「人面岩」的東北端爲止爲四，到「絶壁」爲止爲八，形成正確的比例關係。

「人面岩」、「城」整體及其各部，以及「絶壁」的中心線，全都與子午線偏離28度（目前理由不明）。

塞德尼亞地區内的「人工物集團」的整列關係與外觀的相關關係偶然所產生的機率，與在廣大火星表面某一角所存在的機率等，所有的要素都列入考慮計算，則這「人工物集團」爲自然造形物偶然存在的機率，只有一〇〇〇〇〇〇〇〇〇〇〇〇〇〇〇〇〇〇〇〇〇〇〇〇（一兆的一兆倍）分之一而已！

但是，僅僅是從數字來看，並無法確認「古代火星文明」是否真的有微生物的存在。在這不毛之地的星球上，真的有微生物的存在嗎？在神秘❹中，就要檢討這問題。

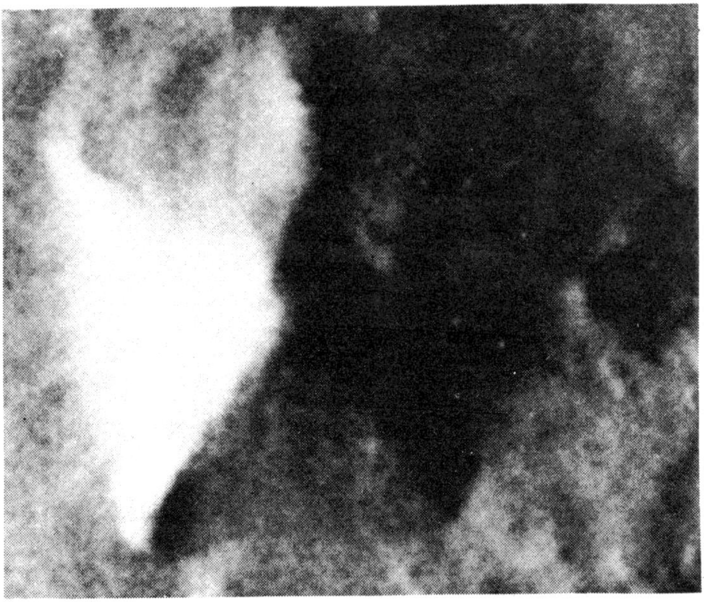

↑位在「人面岩」西南方位置的「五角金字塔」。

↓面對「人面岩」的側面（照片的上部），形成左右對稱的「三槍」狀，中央的稜線筆直指向「人面岩」。

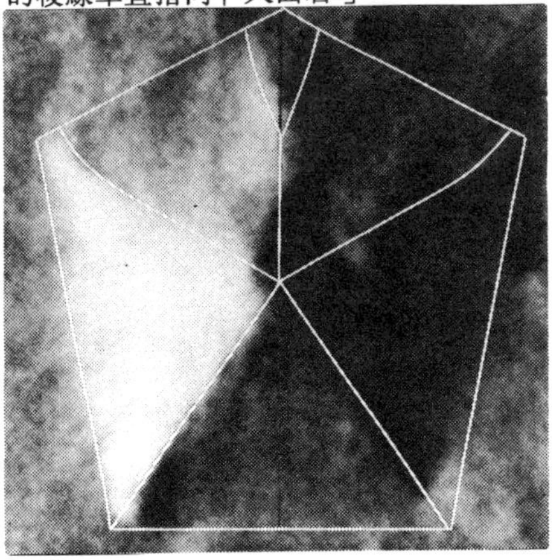

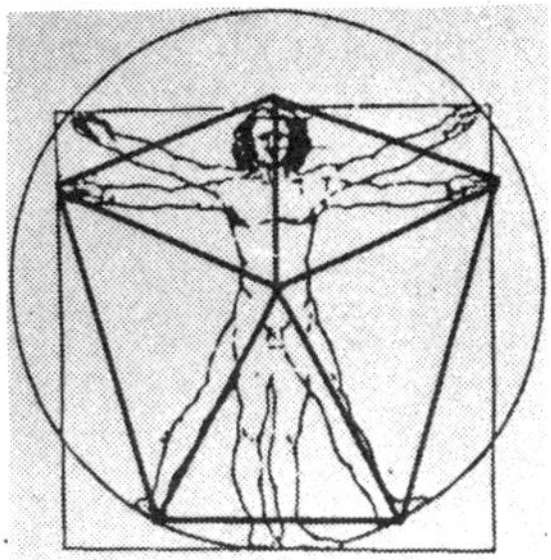

↑達文西所描繪的「正方圓內的男子」畫出的線，與「五角金字塔」的線互相比較一下。

超古代火星神秘❹

是誰建立火星超古代文明

各種觀測資料證明火星生物生存說

昔日，火星充滿了生命——至少，在我們的傳說和想像世界中，是有這種說法。

但是，一九六五年，水手四號歷史性地通過火星附近，俄國的馬爾斯偵察機成功地抵達火星，以及一九七六年，海盜偵察機把繞行軌道裝置成功地裝置完成以後，完全粉碎了「火星傳說」。

不論是洛威爾所說的「運河」，或是威爾茲、巴勒茲、布拉德貝里的「毀滅的文明」等，全都是幻想。

原本天文學家們一致認爲，現在的火星是寒冷、不毛的沙漠世界，甚至不可能有微生物的生存，這都是悲觀的學者的想法。

赤道地方白天的溫度可能會超過〇度C，但是夜間卻會降到零下一二〇度C以下，甚至連二氧化碳都會凍結。大氣只有地球的一四〇分之一氣壓。大部分爲二氧化碳，只存在微量的氧。

雖然有一些水分或冰的存在，但是乾燥度卻高達撒哈拉沙漠的三〇〇倍，與他們的想像完全不符合——至少在水和生物方面是如此的。

仔細檢討水手和海盜偵察機所拍下的龐大照片以後，卻陸續發現了生物存在說的有利證據。

例如：一台繞行軌道的照相機，隔一段較長的時間拍攝同一地區的岩石層，結果所拍攝到的「綠色斑點」的大小卻產生了變化。以光譜進行分析時，發現與地球上的苔蘚是屬於同一物質。

另外，還有很多照片和計器觀測資料顯示，不論現在或過去的火星，的確有生物的存在。長久以來，天文學家認爲火星白色的「極冠」與地球不同，既不是水，也不是冰，而是二氧化碳所結成的冰（乾冰）。經由水手與海盜偵察機觀測的結果，和所料想的完全一致。

到了夏天，雖然白色部分會消失，可是在其下方真正的冰層卻似乎永遠凍結著。

的確，衆人認爲在火星上，應該藏有大量水的存在。同時，也在各處發現到類似河川流過的大小痕跡的「水路」，甚至發現擁有「密西西比或亞馬遜河一千倍水量」的「洪水痕跡」。

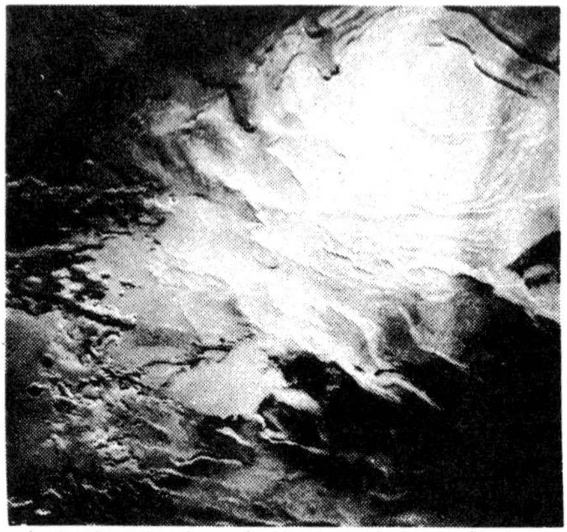

↑由碳酸的冰，也就是乾冰所形成的南極冠的景觀（海盜2號拍攝）。但是，到了夏天時，白的部分會消失，形成真正的冰層。

↖海盜1號所拍攝到的「埋藏在冰河下的峽谷」地形。

由海盜探測船所拍攝到的荒涼火星地表景觀，但是……。

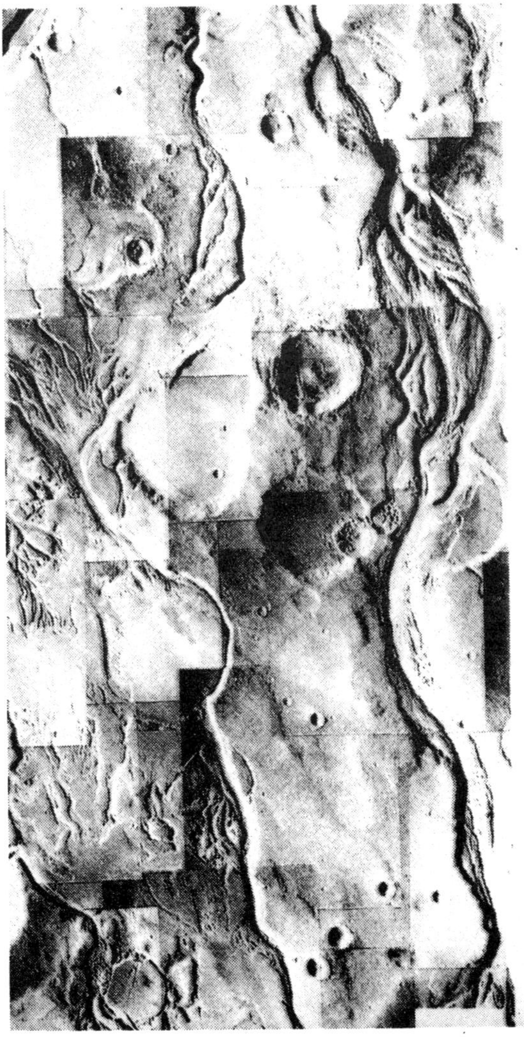

↑海盜1號所拍攝到的洪水遺跡。

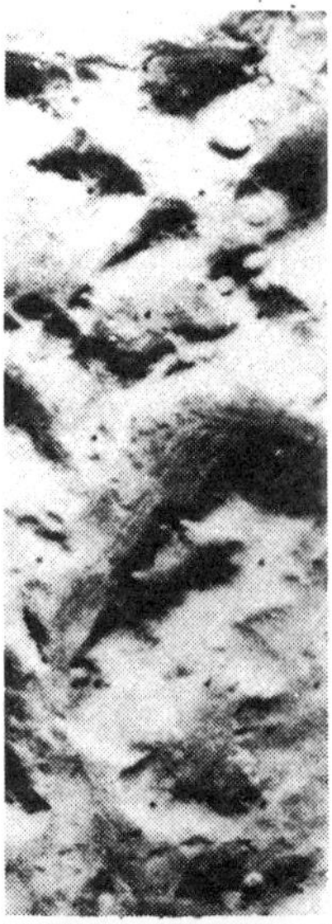

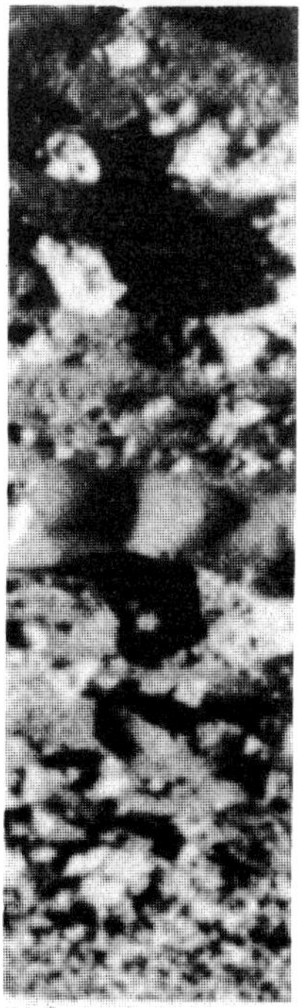

好像證明這項發現似地，經由海盜偵察機發現到堆積厚度約有八十公尺的沉澱層出現在某個山脈的側面。調查這堆積層的科學家們，推測在太古的火星有數個可與蘇必略湖相匹敵，非常寬，深達五公里的巨大冰湖的存在。

甚至可能不是湖，而是海洋。

據說火星的凹凸面和月球、水星一樣，是在原始太陽系誕生後不久的數億年內，由無數浮遊的「微小行星體」落下而造成的。奇妙的是在北半球與南半球相比，好像二個不同的天體一樣，隕石坑非常少，只是零星散佈而已。

而且，北半球與南半球相比，地表高度低於平均基準面的場所較多。像海盜一、二號所選擇的北半球著陸地點，都低於三公里以上。

換言之，太古時北半球有海洋的覆蓋，而隕石坑由於受到侵蝕作用，而被抹煞。

實際上，著陸器（環繞軌道裝置）所收集的土壤樣本中，檢出很多的氯，令海盜偵察機科學家們深感困惑。但是，若假設這是海底產物，就能夠有所說明了。

現在，姑且不談水的問題，而談一談空氣的問題。

NASA的科學家們認爲，前述的「大洪水」要發生的話，必須要有比現在稀薄大氣更多達十倍的大氣存在。換言之，昔日火星應該有濃厚大氣的存在。

而且，這大氣含有大量的遊離氧的可能性非常强。紅色地表的顏色是火星最大的特徵之一。目前，我們了解到這是由於龐大量的氧化第一鐵（赤鐵礦）所造成的。這鐵分只有在大量遊離氧存在（或是昔日曾經存在）的場所會發現到。

火星的「遺跡」是外星人所造成的嗎？

由此可知，火星以往有溫暖氣候的存在，也可能會有生命的發生。那麼，建造「人面岩」或「金字塔」的，是不是在火星固有的生命進化完成時，出現的「火星文明人」呢？

令人遺憾的是，答案很明顯的是「不」。

NASA的艾姆茲研究中心在一九八五年所召開的「關於火星水的會議」中，行星科學家詹姆斯・波拉克就曾說：

「在原始火星時代，擁有水與大氣的溫暖氣候，應該持續超過五億年。」

提出了這引人注目的發言。

的確，如果有五億年，則單細胞的微生物都可能會發生。而且，在其後十億年內，藻類或地衣類（苔鮮）都可能進化。

不過，僅止於此而已。若以地球上的生物進化的諸條件與速度爲基準，不只是文明人，連「原住火星人」出現的可能性也等於零。剩下的可能性則是如神秘❶I中所假設的，可能是「先史地球人」或「外星文明人」。

首先，試探討「先史地球人」是否有可能來到太古的火星，而建設「人面岩」或「金字塔」群呢？

的確，地球人類擁有高度發達文明的亞特蘭提斯帝國等「超古代文明」的傳說，這可算是一種間接的「證據」。

不過，很遺憾的是目前不能找到直接證明其存在的「證據」，可能這些證據永遠也無法發現。爲甚麼呢？因爲事實上，我們只不過是在理想中，認爲在以前我們曾擁有過「高度文明」而已，而把這些傳說利用亞特蘭提斯等名稱來稱呼。

例如：被視爲亞特蘭提斯帝國，曾經存在的場所，在世界就有二十個以上，這就是很好的證明了。甚至有人認爲，這是外星人所建立的殖民地，也可以說是「超古代文明說」的弱點。

但是，卻有更加決定性的反證。假設地球上真有如此高度文明的存在（甚至能進入宇宙），好像我們現代的文明一樣，很必然的會成爲一種世界文明。

但是，世界文明所具有的宿命，就是如我們現在的文明所證明的，會成爲一個大量消費社會。結果，文明所存在的「痕跡」會以各種型態——材料或物品的破片、建造物的廢墟、墓地、人骨、不用的廢棄物、種種的垃圾屑等，任何東西都可以殘存下來。

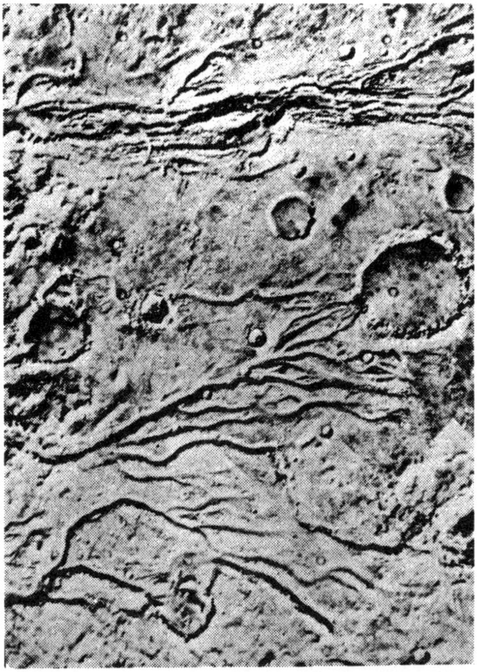

海盜1號拍攝到的巨大河川遺跡，證明昔日火星有豐富的水存在著。

↓赤道附近溶化的永久凍土（水手9號拍攝），清楚地證明火星上有水分的存在。

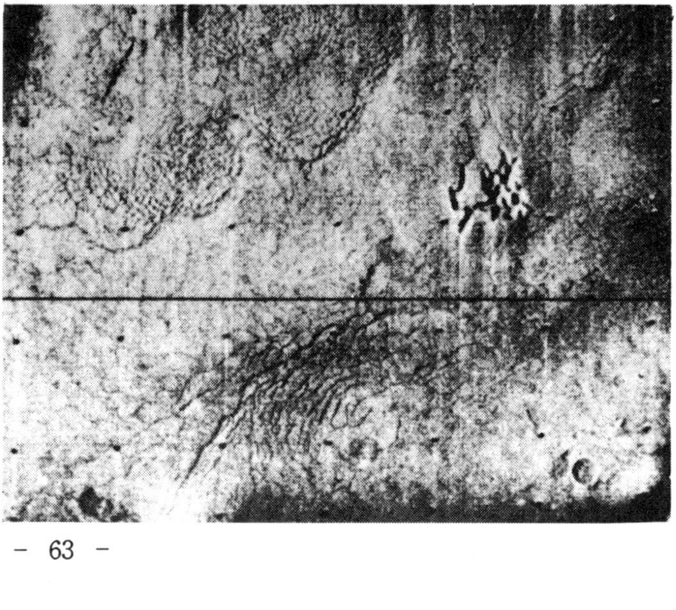

即使因爲遇到激烈的災厄，而突然滅亡——不應該會存在這些遺跡。

但是，很遺憾地並沒有發現這些「痕跡」，也沒有任何能使我們維持這主張的東西出現，所以可以證明我先前的看法。

另一個弱點就是，愈是進入高度的世界文明，則爲了維持文明，需要消耗大量的能源。但是，在現在的地球上，並沒有這些大量資源被探掘過的痕跡出現。雖然最後可能要依賴太陽能或重力等無窮的替代能源，但是在到達這階段之前，應該還是要依賴原始的資源才對。可是，理所當然的痕跡卻沒有殘存下來，這的確是不合理的事情。

那麼，最後剩下的是另一個假設，也就是可能是「外星文明人」所建設的。

外星人飛來的目的為何?

「外星文明人」——。

他們是來自太陽系內的其他行星，這可能性以有智慧生物的發展進化論而言，根本不需要多作考慮。

所謂來自太陽系外的宇宙的訪問者，是從何而來，何時來，甚麼時候來到此地呢？

我們從最初的疑問開始來探討吧！目前，沒有任何線索告訴我們，他們到底來自哪一個星球，唯一可以說的就是以現代天文學或宇宙生物學的觀點來看，到處充斥著與我們的太陽或地球非常類似的天體。當然，也可能存在著像我們這樣的碳系生物。

以專家的鄰近恒星目錄來看，像這樣的恒星（或行星）僅僅是在半徑五十光年以內，就存在近五十個。

我們無法判斷這些外星人與地球人是否具有類似的姿態。不過，由「人面岩」建造的方式來看，可能的確存在著與我們這種充滿智慧的碳系生物相同的生物，因此可以假設他們擁有類似人類的型態。

他們來到宇宙的手段，遠超過地球人的科學技術能力，否則由於高速太空船也無法超過光速，所以即使是來自距離十萬光年的行星系。以速度而言，至少也要花一〇〇年或一〇〇〇年。

當然，他們的航行手段可能就好像科幻小說中經常出現的「世代交替」式的太空船，採用「冷凍睡眠」的方式，建立一個完全自給自足型的封閉社會。耗費長年累月的時間來到此地吧！

那麼，到底是甚麼時候來的呢？這也是很難回答的問題。

如前文所述，由荷格蘭的「太古夏至線」的存在來推測，最近的時間應該是在五十萬年前。

這的確是頗耐人尋味的數字。五十萬年前，在地球上，別說是克羅馬儂人，連尼安德塔爾人都尚未出現。只是爪哇原人或北京原人爲代表的人類歷史，才開始使用火的階段而已。

如前文所述，火星的地軸傾斜周期爲一〇〇萬年。再往前推算，則是一五〇萬年前。在地球上，則是從猿人開始進化到原人的時期。

這一點具有重要的意義，在神秘❷中會爲各位探討。

外星人結束了長久孤獨之旅，終於到達火星。這時，相信讀者們應該會產生疑問。

爲甚麼他們要特地選擇火星呢？地球這個溫暖，而又有青山綠水圍繞，充滿生物，具有魅力的行星，不就在火星的附近嗎？

雖然在五十萬年前或一五〇萬年前，地球正處於冰河期，但是仍有熱帶與溫帶，遠超過塞冷、不毛之地的火星。

理由有幾種。關於這一點，就必須要考慮到他們爲何而來，也就是爲了要達到某項目的，而選擇了火星。

最容易考慮到的目的，就是文明的侵略——建設殖民地。當然，可能也兼具對於太陽系存在的銀河系邊境，進行科學調查的任務吧！

因此，他們可能會因爲不願意在地球上殖民，而對前文明階段的地球生態系造成影響吧！

或是爲了以防萬一，而小心謹慎地確保在附近行星上的「前進基地」吧！

或者——。

對他們而言，火星比地球更容易居住，可能就是基於這麼單純的理由吧！

符合未來建築物的金字塔複合體

這種想法絕非出人意料之外的想法。仔細想想，的確如此。在他們度過宇宙空間的數百年、數千年內，是在一個完全封閉的自給自足的世界中生活。

沒有風雨，沒有嚴寒酷暑，也沒有害獸、害蟲或病原菌，待在如母親的胎內安全而又溫暖的太空船內環境中，出生、成長、生活的他們，可能認爲地球充滿著暴力與恐懼，宛如「地獄」一般。

與此相比，火星雖然是原始時代的一時期，但是除了極寒和風沙以外，並沒有任何威脅性的存在，是一個寧靜的世界。這和他們度過長久歲月的真空宇宙空間而言，幾乎完全相同。

同時，火星還有不亞於地球，維持生命和社會必要的資源——只要具有能夠利用的高度科學技術力就夠了。

由於上述的原因，因此外星人選擇火星，建設「殖民地」。

那麼，既然要建設「殖民地」，爲甚麼要選擇金字塔型的建造物複合體呢？這是我們

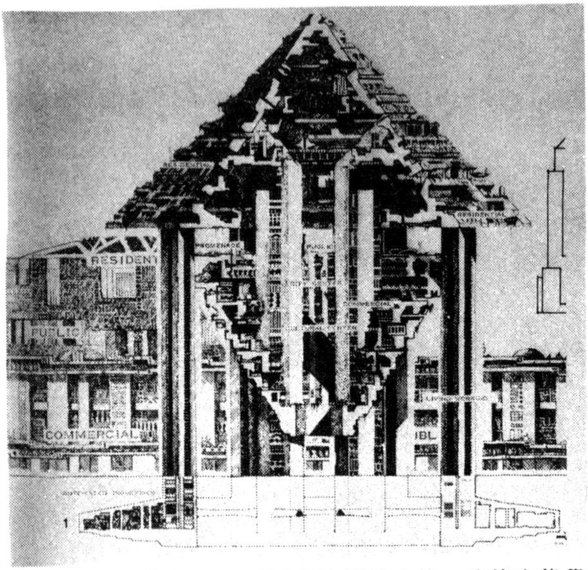

未來建築設計師索雷里所提出的超級建築，建築生態學建築物爲典型的金字塔形，内部形成複雜多層構造。

所提出的另一疑問了。

明快的回答就是，荷格蘭所介紹的一位傑出未來建築師。

保羅所列舉的，這位出身於意大利的天才建築家，利用巨大立體構造來轉換近代都市的平面展開。在一九六〇年代末期，提倡封閉式自給自足式的「建築生態學建造物」的構想，而一躍成名。

這構想比起因提出整個都市用圓頂覆蓋，而著名的同時代建築家巴克明斯塔·夫拉所提出的著名的「圓頂理性論」，是更富於機能性的「人工環境超級建築構造體」。

其設計除了能保護居民，不受外界干擾的人工環境，同時在生態學上也是能夠在完全自然環境中舒適生活的設計。

其尺寸不論是寬度、長度、高度達到數公里以上，以構造上的理由來看，若主要形建築成金字塔形，而再藉著半地下構造，就能夠連續建造出必要的數目。

這就像在真空中行進的巨大太空船的社會，整個出現在地上一樣。對外星人而言，宇宙中的生活可以直接搬到火星上來。當然，對他們而言，是最適合的。

而且，建造所有必須的資源，不虞匱乏。同時，火星的重力只有地球的三八％，所以比地球更適合巨大建築。

還有一點，各位不可以忘記。

索雷里的設計思想中心是利用無公害的乾淨能源，那就是太陽能。因此，建築生態學建造物爲了取得能源，而朝向日出的方向。

這一切不都符合火星上所發現的「金字塔複合體」的特徵嗎？荷格蘭所「發現」的「蜂巢」型──「梯形建造體」可能是建築生態學建築物的一端吧！

但是，──。

這是屬於過去所發生的事情。現在，火星的地表一直被風沙吹拂著，成爲任何人都無法居住的廢墟。他們到哪兒去了呢？爲甚麼離去了呢？

可能解開這謎團的關鍵，就在於所剩下的巨大遺跡「人面岩」吧！

超古代火星神秘❺

外星文明人掌握謎團的關鍵

神秘古埃及文明的秘密

現在，開始向最大的謎團挑戰了。

為甚麼建造「人面岩」，是在何時存在於如此荒涼的火星沙漠上呢？在生命進化的過程中，人類誕生的行星、地球。附近的行星上，竟然擁有酷似人類的臉的巨大建築物，這當然不是一種偶然的巧合，所以我們會認為：

「這是來自外星人的訊息——。」

然而，究竟「訊息」為何呢？「人面岩」到底想要對我們說些甚麼呢？

話題至此，便要著手來探討地球了。

數年前，我國雜誌上刊載「人面岩」話題時，稱之為「獅身人面像」，因為考慮到與「金字塔」的組合，當然會出現這樣的名稱。

獅身人面像與金字塔——到目前為止，仍然聳立在埃及沙漠中的巨石建造物，除了產生古埃及文明以外，同時也留下了在歷史黑暗中的神秘。

西元前三〇〇〇年時，突然出現了這偉大古代文明之謎，相信讀者都已經了解，在此不再爲各位探討。

古代史研究家約翰·威斯特所說的話，就可以道盡這一切的謎團：

「……整體而言，埃及人的英明智慧在最初就表現非常完美的智慧。事實上，各種科學、藝術、建築、象形文字系統，沒有看出任何『發展期』。甚至連埃及學者也承認，最古王朝期的豐功偉業是後代所望塵莫及的……。

複雜的文明是如何能整個開花結果的呢？在埃及，從最初開始，似乎就已經一切齊備了……。這謎團的答案雖然十分明確，但是對現代的思潮而言，卻是令人嫌惡的答案，因此我必須認真考慮以後，再回答各位。

我認爲埃及文明不是『發展』的產物，而是『遺產』……。」

遺產——到底是誰留下來的遺產呢？

埃及神話的主神太陽神，經常被稱爲「地平線的臉」，而這「地平線的臉」到底暗示著甚麼呢？

還有更令人感到驚訝的事情，那就是獅身人面像或金字塔就在首都開羅的郊外，但是開羅的本義是「勝利」。可是，如果要追溯阿拉伯語源的語根，則發現其原義竟然是「火

←巴比倫時代製造的「人面獅身」雕像。

↓獅身人面像與金字塔——這二個充滿謎，代表埃及文明的遺物，而俄國的雜誌則把「人面岩」介紹爲「獅身人面像」。

星」！

這些文字起源的背後，到底隱藏著甚麼樣的神秘呢？

幫助古代文明的外星文明人

談到已經出現的古代文明，古代美索布達米亞（在現在的伊拉克附近）平原上的蘇美帝國非常有名。開始於世界最古老的ＢＣ四〇〇〇年紀，甚至專門研究蘇美文化的學者都認爲：

「具有文明的骨骼，似乎是在一夜之間就出現的。」

蘇美文化的突然出現，令人覺得不可思議。和埃及一樣，以後的發展卻不斷衰退。關於這謎團的起源，在蘇美人本身的傳說中也認爲：

「自己的文明是由歐艾人，『在魚頭下擁有別的頭』的人所傳授的。」

這樣的敘述出現在各種古文書中。

東羅馬帝國的主教波丘斯（西元九世紀）的文書中，也有以下的敘述：

「根據……的故事，歐艾人來自紅海。身體像魚，頭、手、腳卻像人類一般。教導衆人天文學和文字。另有一種說法，認爲他們是來自巨大的蛋中，雖然是人類，但是卻擁有『海中生物的皮膚』，看起來像是魚……。」

帶給蘇美人文明的「魚人類」，到底是誰呢？

根據所發掘出來的蘇美人粘土板的文書中，也記載著「從天授王權時期開始」到「大洪水掃平地上」爲止，統治王國的十個國王的傳承事蹟，全部記載在「列王表」中，而計算這十位「列王」的統治期間，長達四十三萬二千年。

再者，根據聖經創世紀的記載，從人類的祖先到「大洪水」的主角諾亞爲止，這期間內所登場的長命族長人數共有十人，這並非偶然的巧合吧！

此外，若「大洪水」發生時期是在冰河時代結束，全世界的海面也上升二〇〇公尺的一萬二千年前，所謂「天授王權」的時期是在距今四十四萬四千年前。

所謂一萬二千年前，是指舊石器時代突然結束，而日本時代繩文時代開始的時期。同時，也是傳統中亞特蘭提斯王國滅亡的時期。

可能亞特蘭提斯帝國所象徵的「理想鄉」與「大洪水」以前的「列王」們的統治期間，指的應該是同一期間吧！那麼，到底這十位比人類活得更長久的支配者，象徵著甚麼呢？

而且，在距今約四十五萬年前，他們得到「天授王權」，這時期也就是火星上的「太古夏至線」成立最後年代的五十萬年前。二者的時間非常接近，難道這也是偶然的巧合嗎？

五十萬年前，指的是原人時代。這是他們自一五〇萬年前（這也是「太古夏至線」一周期前成立的年代）出現以來，最盛的時期。

與腦容量只有猩猩般大的猿人不同，原人擁有二倍的腦容量，不僅使用工具，也開始使用火。與猴子完全不同，已開始邁向人類之路了。

但是，在生物進化論上，這時期卻產生了很大的問題。從猿猴進化至人類的速度太快，以進化論根本無法完全説明。

人類在進化途中，是否有來自外界的人爲加速進化呢？

所有的疑問只要用一個假設，就能夠完全解開了。

也許，在火星建立殖民地的外星文明人，在太古的某一時期，也曾經侵略地球，幫助人類的誕生與文明的發祥——其遺產則是許多的古代文明，其記憶則當成「衆神」或「文化英雄」的神話傳説流傳下來吧！

獅身人面像或金字塔可能是爲了謳歌「衆神」的光榮，並希望流傳於後世，希望能再來，而使用一部分的「遺產」技術建造出地球人類最初的一大「贈物信仰」紀念碑。

世界三大金字塔是外星人所遺留下的未來遺產

但是，對我們而言，難道這只是「過去的遺產」嗎？若真是如此，那麼又何必在「火星殖民地」上留下「人面岩」呢？

英國天文學家鄧肯·魯南與M·W·索達茲最近的共同研究，可能已經爲我們找到答案了。

他們認爲埃及的「大金字塔」與墨西哥的「太陽金字塔」這世界上二大金字塔，可說是指出在太古時代，外星人留給人類的「未來遺產」的「標幟」（也包括由地球原住民本身所建造的可能性在內），發現了這好的科學根據。

如果「大金字塔」的北面邊心線（從底邊中點至頂上的線）直接朝宇宙延長，而接觸到赤道平面的高度，貫穿地球內部連接兩金字塔的線，和朝向宇宙延長，接觸赤道平面的高度，大致正確一致，因此我們假設在這高度有繞著地球公轉的「人造衛星」的存在。

令人感到驚訝的是，這「假設衛星」的一次公轉與火星一次自轉的時間是一比二的關係。如果鎖定火星上的特定地點，則每隔七十五年，他們便會相遇，進行「資料交換」，在太陽系的全部行星中，只有火星才能符合如此理想的條件。

同時，

——來自兩金字塔的延長線，在赤道平面交叉的高度，等於火星赤道半徑的二π倍。

——福波斯每自轉地球一周時，會公轉火星π次。

——迪莫斯每自轉地球一周時，會公轉火星的四分之π次。

墨西哥提歐迪瓦康遺跡的「太陽金字塔」，也隱藏宇宙的秘密。

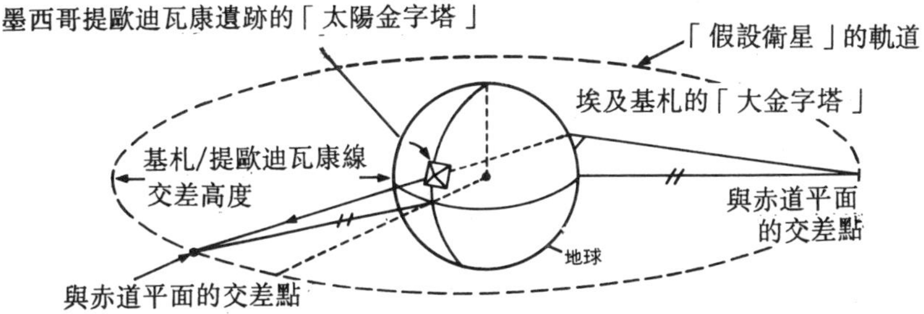

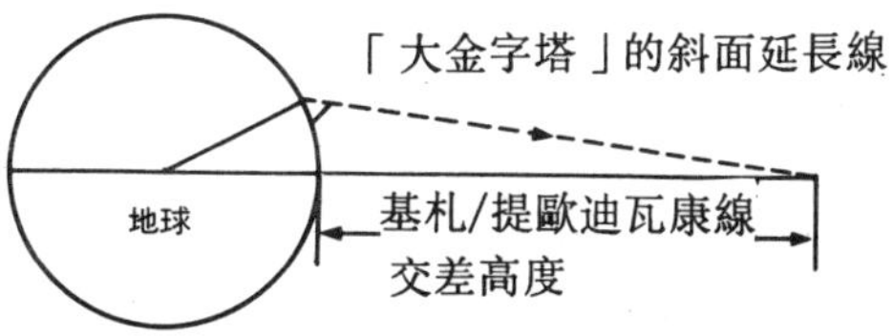

↑地球的二個金字塔與「假設衛星」的關係圖。

→同樣地，地球的二個金字塔呈現與火星福波斯的神奇相關關係。

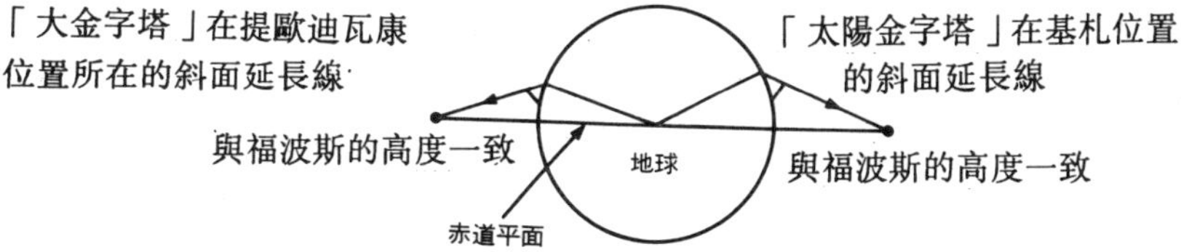

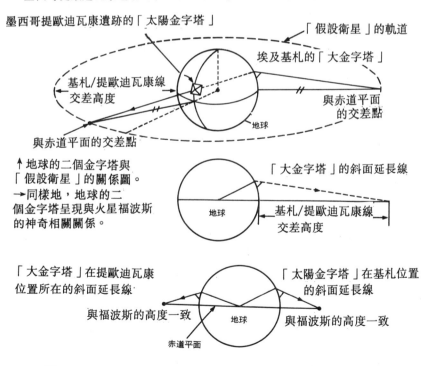

原來如此，我們發現到兩金字塔、假設衛星、火星、二衛星之間，擁有將近十項的π比例關係，以及擁有近二十項的比例關係、相對關係。

再加上我們以往就知道的事實，「大金字塔」的底邊全周與高的比例爲二π比一，就可以了解到這絕對不是偶然的巧合。

經由這一系列計算的結果，魯南和索達茲認爲，「未來遺産」的所在地可能是在火星表面的某處，或是其衛星（福波斯）的某處。

他們清楚地斷言：

「只要更詳細地調查這『衛星指示系統』，應該就能特定出這場所。同時，利用金字塔形的記號指示出這場所的可能性極高。」

美俄火星偵察是否隱藏著重大秘密呢？

爲甚麼加速進行火星的太空計劃呢？

尤其是俄國，已經送上二架無人偵察機，發表「火衛計劃」，讓福波斯接近上空數十公尺處，利用雷射照射，進行表面物質的現場檢查，具有這種野心的計劃。

美國的火星偵察計劃的主要人物卡爾·塞根博士，也完全改變以往的主張，最近强調「美俄共同有人火星探測」的必要性。

當然，他會抬出「國際性——緩和二大陣營間緊張的強力協助」的堂而皇之的理由；但是，塞根以自己的立場，也提出了看似奇妙的理由。

「……在台地上排列整齊的謎樣地表構造物或金字塔群——雖然我不認爲這是火星的古代文明證據，但是卻有值得調查的價值。」

美俄如此要急急探查火星，是否另有隱情呢？

想到這一點，我突然感到非常不安——難道這留下「過去與未來的遺産」的外星人們，真的都只是善良的人嗎？

如前文所述，自古以來火星就被視爲充滿戰爭與災厄的象徵，被視爲不祥的星球。所有民族的人類創世神話共通的特徵之一，就是不只擁有慈悲寬容的「衆神」。同時，「衆神」之間也擁有像人類一般的激戰。像「大洪水」時期，就是人類受到來自「衆神」的懲罰而滅亡的時期。

代表〈獨立火星調查組織〉的荷格蘭，對於發現「人面岩」或「金字塔複合體」的塞德尼亞地區，指出非常在意的一點。

如神祕❹中所說明的，北半球的隕石坑很少，但是只有這地區卻有超出分布平均值的許多隕石坑。

根據成員之一，與ＳＤＩ（戰略防衛構想）有關的著名聖地亞研究所的物理學家約翰

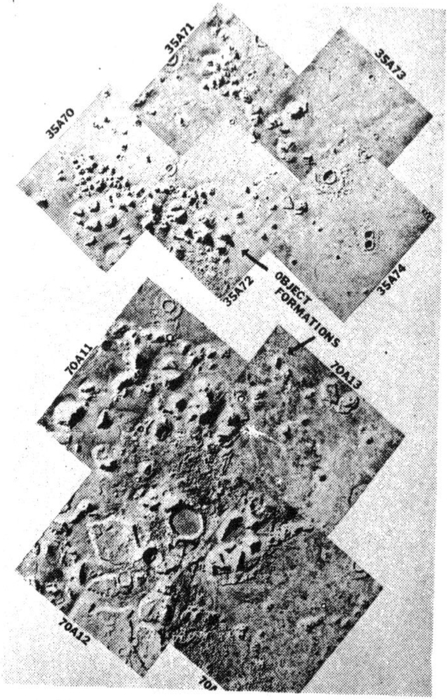

塞德尼亞地區的地表照片。箭頭上爲「城」，下方爲「人面岩」。這地區的隕石坑異常增多。

・布蘭登保的說法，由核子爆炸所形成的洞，也就是隕石落下的洞較淺，可是由粒子光速兵器所造成的隕石坑，卻非常深。

這麼說來，不論是「要塞」、「蜂巢」或「五角金字塔」，似乎都被加上了不自然的破壞。

真是如此嗎？「衆神」在很久以前互相激戰，而放棄了形成廢墟的「殖民地」嗎？還是如希臘神話所說的，人面怪物獅身人面像詢問接近的人類，無法回答的人就將其殺死。若在不久的將來，到達火星的美俄共同探險隊在解答「人面岩」之謎時，遭遇到失敗的話，……。

這種不安的心情在我腦海中揮之不去，希望這不是杞人憂天……。

第2部

百慕達海域消失神秘

百慕達海域消失神秘❶

世界最大的神秘
死亡的百慕達海域

在一切向科學挑戰的超常現象與超自然現象中，「百慕達三角洲」之謎可說是最獨特的存在。

進入二十世紀以後，即使是第二次世界大戰以後，將近半世紀的時間以內，一直被人談及的百慕達海域與幽浮現象是並稱爲雙璧的神秘。其現象不只是船和飛機消失得無影無蹤，幽浮也是相同的情形。從四次元、亞特蘭提斯帝國、幽靈船、心靈現象，到後文所敘述的怪獸或雪男（？）爲止，在所有經歷過的超常、超自然現象中，這是最爲神秘的現象。

五架魚雷轟炸機與一架飛機完全消失

這不可思議的特徵隱藏著解開「百慕達三角洲」之謎的重大關鍵。但是，在談及這一點以前，要先把複雜、糾結的謎團抽絲剝繭地一一解開，以便掌握神秘的整體象。

＊

「百慕達三角洲」之所以成爲世界聞名之地，就是因爲在世界大戰後不久，持續發生飛機消失的情形所造成的。

尤其是在一九四五年十二月五日的下午，美國海軍的五架魚雷轟炸機和前往救援的一架飛行艇，全都如謎一般消失的怪異事件，可以說是世界空難史上最大的謎團之一。事件是這樣發生的——。

當天下午二點鐘，〈飛行19〉的TBM三型魚雷轟炸機的五架飛機，離開了佛羅里達州的海軍航空基地。

搭乘機員包括編隊長查爾斯·泰勒海軍少尉以下14名。缺席一人（事實上，這缺席人員卻是解開謎團的關鍵人員之一）。目的是以比米尼島海灘廢船爲標的，進行爆破訓練。

當天是飛行的好天氣，完全沒有像會發生意外事故的氣象條件，然而卻發生了意外事件。

下午三點十五分，佛羅里達航空基地的管制塔，突然接到編隊長泰勒上尉的聯絡。

泰勒：FT28呼叫管制塔。緊急狀況，好像偏離航道了，看不見陸地。重複……，看不見陸地。

管制塔：現在位置在哪裡？

泰勒：位置不明，不知道在甚麼地方，……感覺迷惘。

管制塔：朝正西方飛。

泰勒：不知道甚麼地方是西方，好奇怪啊……，真是奇妙……，方向完全不明——海的樣子和平常完全不同……。

從這時候開始，空電（雷雲所發出的雜音電波）非常嚴重，無法再和飛行19通訊，只是斷斷續續地聽到編隊內的隊員的談話。到四點半以前，還聽到「燃料快用完了」，或是「這架飛機的陀螺儀和磁性羅盤都不對了」。

後來，才知道在下午三點鐘時，五架飛機都飛入預定的航道，從海上的漁船都可以看到這些飛機。但是，後來卻發生了某種變異。

下午三點四十分左右，與飛行19繼續通話的是，偶爾在附近飛行的航空基地專任飛行教官洛巴特·克庫斯上尉。

克庫斯：這裡是FT74，發生甚麼事？

泰勒：這裡是FT28。二個磁性羅盤都壞了。正在找尋基地……，現在正在佛羅里達小島帶上方，但是到底是哪一個海灘，卻不得而知……。

克庫斯：那麼，看著左邊的太陽朝北飛，就能夠到達基地。現在的高度是多少？可別和我在空中相撞。

泰勒：到目前為止，我知道高度是七〇〇公尺。你不要跟在我的後面……，能不能請求邁阿密或某處的雷達進行誘導？

不久之後，不知道怎麼回事。克庫斯的通信裝置突然燒斷了，於是他飛回基地。

下午四點鐘以後，基地管制塔突然收到編隊長將指揮權交給僚機喬治・司奇巴斯海軍上尉的聲音。到了四時二十五分，這位上尉的報告送來了。

「現在位置不明，可能是在基地東北方二二五海里左右……。」

空中電訊持續數秒鐘以後，——。

「我們好像進入白色的水中似地……，完全迷失了……。」

留下最後不可解的一段話，通訊便告中斷了。

另外一方面，在巴納納・里巴基地待命救援的飛行艇已經出動，要救助飛行19。離陸數分鐘後，音訊斷絕，而這十三名船員也消失了蹤影。

總計六機、二十七名雙重遇難。在理想飛行條件下，這種突發事件實在不可解。當然，立刻動員海陸空史無前例的大搜索，但是甚至沒發現遺體、機體碎片等痕跡，最後留下這不可解之謎。

多起空難事件發生，毫無痕跡地消失的情形，在一般的遇難事故中，是史無前例的，而且也是不合理的現象。甚至沒有發出求救訊號就消失，最後的消滅是突發性，並且是全部的飛機同時發生的。

還有一項不可解的事，即飛行19全機燃料用盡的預定時刻過後二個小時，確定已經遇難的飛機在傍晚七點鐘以後，在邁阿密的歐帕洛卡基地還收到「ＦＴ……ＦＴ……」這一編隊漸去漸遠，卻斷斷續續傳來的訊息。這也是不合理的事情。

關於這一次空難事件，事實上還有事件發生後將近三十年，都沒有公諸於世的部分。筆者認爲這其中一定隱藏著解開「百慕達三角洲」之謎的重大關鍵。關於這一點，稍後再爲各位說明。

陸續發生的魔鬼海域遇難事件

後來，又陸續發生了類似的飛機神奇完全消滅事件，詳細情形在後面的圖表中，爲各位介紹。這其中僅僅是從一九四八年起，不到一年的時間內，就發生了三起客機消滅事件，單純明快地訴說著「百慕達三角洲」的謎樣性格。

首先是一九四八年一月二十九日，英國南美航空的丘達四型虎星號從亞左雷斯群島航向百慕達的中途消失了。機上機員六名，乘客二十五名。

同機在預定時刻到達之前，也就是晚上十點三十分時，對金德雷機場管制塔說明：「天候、航運順利，會在預定的時刻到達。飛機的位置現在在百慕達東北六〇〇公里。」

傳送正常的通信，但是後來就再也沒有出現了。

接近黎明時分，在沿海一帶詳細搜索，但是完全徒勞無功。

奇怪的是在這一次大搜索中，從大西洋沿岸到內陸一帶的火腿族卻收到了虎星號的通信內容，而某個沿岸警備隊基地也收到了「ＧＡＨＮＰ、ＧＡＨＮＰ……」，來自虎星號的通信。不過，都被當成是惡作劇，而不了了之。

後來，在同年十二月二十八日的早上，ＤＣ三型客機機員乘客共三十六人，也消失在聖胡安與邁阿密的虛空中。

這一天天氣明朗，沒有任何阻礙的夜間飛行在凌晨四時十三分，邁阿密管制塔接到來自機長的無線電通信。

「目前，正接近機場中……，朝南八十公里的地點……，已經可以看到邁阿密街頭的燈光了。一切都很順利，等待著陸指示。」

但是，後來沒有甚麼爆炸或閃光的信號，這一架飛機卻永遠都沒有著陸。

結果，當然也搜尋不到殘骸，在放棄搜索僅僅一週後，也就是在虎星號消失將近一周年的一九四九年一月十七日，其姐妹機艾莉亞星號在百慕達到牙買加之間的路途上，包括機員二十人也全都消失了。

凌晨七時四十五分，從百慕達出發五十五分鐘以後，機長對管制塔說：

↑1948年與一九四九年消失的姐妹機，虎星號與艾莉亞星號是同型的丘達四型機。

←爲了救助魚雷轟炸機，而失蹤的水手飛行艇。

→虎星號(左)與艾莉亞星號(右)的失蹤新聞報導。

JANUARY 31 1948

31 MISSING IN AIR LINER

NOW "PRESUMED LOST"

ALL-DAY SEARCH OFF BERMUDA

The British South American Airways Tudor IV aircraft Star Tiger, reported missing yesterday, with 25 passengers and a crew of six on board, on its way to Bermuda, is now presumed lost, according to a Ministry of Civil Aviation statement issued last night.

The aircraft, which was due at Hamilton, Bermuda, at 6 o'clock yesterday morning it left the Azores on Thursday afternoon last reported its position in a routine wireless message as 380 miles north-east of Bermuda.

FROM OUR CORRESPONDENT

BERMUDA, JAN. 30

Seventeen aircraft were searching a wide area of the Atlantic to-day for traces of the Star Tiger. The air liner's last radio message was a routine report at 11.15 p.m. giving her position as 440 miles north-east of Bermuda. No distress signals were sent, nor was there any hint of trouble.

The first search machine left at 3.15 this morning. A coordinated search was conducted by the United States naval operating base at Bermuda, with the help of civilian aircraft. Rescue and search units from Newfoundland and along the Atlantic coast also cooperated, and the search will continue until wreckage or survivors are sighted.

Fifteen hours after the search started no trace had been found, and it was reported that the weather was squally and visibility "low."

INQUIRY ORDERED

LONDON TIMES

JANUARY 18 1949

29 IN MISSING AIR-LINER

STAR ARIEL OVERDUE FROM BERMUDA

From Our Correspondent

BERMUDA, JAN. 17

A British South American Airways air-liner on its way from Bermuda to Kingston, Jamaiea, is missing over the Atlantic. It left Bermuda at 8 o'clock this morning. The pilot is Captain J. C. McPhee.

The aircraft was on a regular flight from London Airport to Jamaica, and Bermuda was the last stop on the journey.

The following statement was issued in London early this morning:—

"B.S.A.A. regrets to announce that the corporation's aircraft Star Ariel, which left London for Santiago, Chile, on Saturday, is overdue on passage between Bermuda and Kingston, Jamaica. The aircraft, which left Bermuda at about 1230 G.M.T. yesterday (Monday) and was due at Kingston at 1802 hours G.M.T., was carrying, so far as is known at present, 22 passengers and a crew of seven.

"The last message received rom the aircraft was dispatched about an hour after leaving Bermuda. Air-sea rescue operations are in progress."

Five British passengers for Kingston and two for Santiago boarded the machine at London airport.

MIAMI, Jan. 17.—An air rescue aircraft from Findley Field, Bermuda, searched the area over which the Star Ariel was travelling without finding any trace of it.

New York coastguard officials said that rescue machines from Salem, Massachusetts, Brooklyn, New York, and Elizabeth City, North Carolina, would go to Bermuda to-night to join searchers to-morrow.—*Reuter*.

* Thirty-one people—six crew and 25 passengers—lost their lives when the Tudor IV Star Tiger disappeared between the Azores and Bermuda in January, 1948. All Tudor IV aircraft were then grounded for reliability trials

LONDON TIMES

←1945年12月5日，「感覺好像衝入水似地……」，留下謎樣通訊而消失的魚雷轟炸機編隊。

↓百慕達海域大消失區域，比以往所說「三角洲」範圍更廣，因此形成不等邊四邊形，所以應該稱爲「百慕達梯形」。

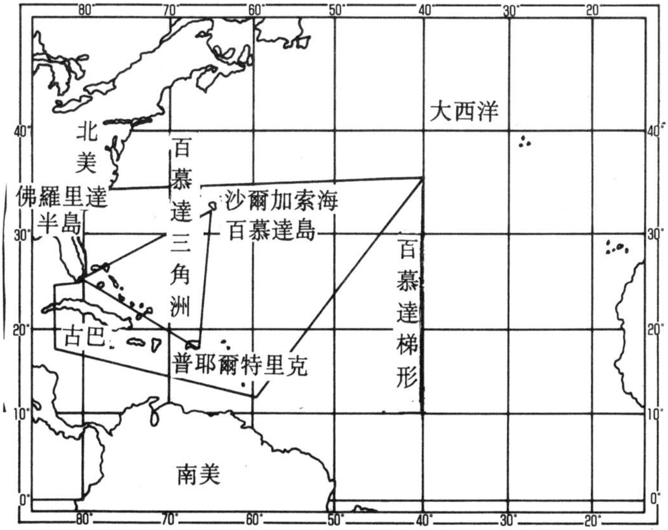

「本機到達巡航高度，天氣良好，會按照預定時刻到達……。從現在開始，無線周波數轉換爲你們的頻道。」

留下這報告，但是這架飛機也如煙一般消失了。

僅僅在一個月內，在同樣的海域出現二次客機遇難事件。因此，英美兩國海、空總動員，進行特別仔細的大搜索。

但是，甚至沒有找到任何一件可以暗示事件性質的證據物件，最後當然也沒有任何發現，就結束了搜索。

總之，屬於同一航空公司的二架客機在一年內，在相同的海域遇難。因此，甚至有人認爲是別人對這家公司所做的破壞工作。

但是，卻沒有足以證明這項説法的證據出現。

到底為甚麽！原因不明

這三次事件共通的三大特徵，清楚地雕塑出「百慕達三角洲」現象的神奇。

第一、照理而言，在不會發生空難的理想飛行條件（氣象、機械、人力）下，卻發生了這一次事件。

第二、完全没有遺體或殘骸破片等證據物留下。

第三、包括求救訊號在內，沒有做出任何求救手段，而是突發性的，遇到某種異變的侵襲。

想要找出虎星號遇難原因的審判會議，在事件八個月後，發表了最後見解，似乎也符合對於其他事件的解釋。

「……無線電、機械的故障、燃料用盡、氣候的惡化、目的地、高度的誤認等其他任何因素，可茲證明的證據一無所獲。……機體的設計、製造上，也沒有任何缺陷，……以往從來沒有調查過如此不可解的問題。」

附帶一提，同樣在一九四九年十二月，就已經有不下九架小型機在同一海域連續消失的記錄出現。這事實本身意味著「百慕達三角洲」在這時期，特別容易發生某種不知名的變異。

這變異包括當事者尚未察覺當中（或是察覺時已經太遲），就受到突發性的攻擊，或是像飛行19事件一般。即使很早就已經發現，但是卻無法逃脫。

一九五二年二月二日，在「三角洲」北端消失的英國約克運輸機；以及一九五四年十月三十日，在飛往亞左雷斯群島途中消失的美國海軍的超級星座機；和一九六二年一月八日，同是飛往亞左雷斯群島，在中途消失的空軍ＫＢ50供油機等，則是在發出ＳＯＳ求救訊號與混亂的無線電通訊以後，沒有留下任何破片，就消失得無影無蹤了。

一九六五年六月五日，飛向巴哈馬格蘭德塔克島的美國空軍C一一九飛機消失事件，也充分表現出「三角洲」現象的謎樣性格。

同機在預定到達時刻的一小時前，還通知塔台「目前在目的地約一六〇公里前方」，結果卻完全消失得無影無蹤。當時，接到這架飛機通信時的狀況，是覺得好像電波受到干擾似地——或是感到對方是朝著空間與時間的另一端漸去漸遠似地，漸漸就聽不到他們的聲音了。

就在同一時刻，與遇難的C一一九在同樣的空路上，卻朝著相反方向飛的另一架飛機，卻提出「天氣晴朗，視野良好」的報告。

這報告頗耐人尋味。

一九六三年八月二十八日所發生的二架飛機同時遇難事件，以別的意義來說，也暗示著「百慕達三角洲」的神秘性質。

那就是在同一海域，二架KC一三五供油機從佛羅里達的空軍基地進行供油飛行時，在報告位於百慕達西南四八〇公里的現在位置之後，兩架飛機同時消失。

搜索隊在同一地點發現兩架飛機的破片，因此推測二架飛機不是失蹤，而是對撞落海。

然而，對撞的原因依然成謎。更令人感到不可解的是，在幾天以後，距離二五〇公里的海面上，又發現了幾片殘骸。以海流的速度來算，不可能會吹到如此遠的地方。

昔日就被視為「船的墓場」而為人所畏懼

事實上，在航空時代以前，同樣的海域就一直被視爲「船的墓場」或「魔鬼海」，深受迷信頗深的船員們畏懼。

這並不是偶然的事件。開始進行船舶航行記錄的一八〇年前，也許在更久以前，在這海域就有大大小小許多的船隻，如謎般地消失了。

當然，遇難的原因歸咎於天氣狀況不佳，或是野蠻的海盜行爲等等。事實上，這一種說法並不少。

然而，脫離了航海技術與造船技術未成熟的時代以後，仍然會遇到這些不可解的遇難事件。在以往也曾出現和飛機完全消失的相同例子，由此可以了解到這種異常天候的改變，也許是超常原因所造成的。

船舶神奇消失事件也請參照九十五頁圖表。在此，爲各位列舉一些頗耐人尋味的例子。

像後世的飛機完全消失一樣，雖然進行大規模的搜索，可是卻沒有發現殘骸或遺體痕跡的最初確實的例子，是在一八八〇年一月，從百慕達朝向英國航行的英國軍艦亞特蘭大號的失蹤事件。

乘坐本船的船員二九〇名，大多是海軍學校的學生。英國海軍在海上進行四個月的搜索，可是完全徒勞無功。

進入二十世紀以後，通訊技術日新月異。但是，令人感到不可解的是，一九一八年二月四日，從巴爾巴德斯島航行到諾福克途中，三〇九名海軍官兵全都消失的美國海軍運煤船賽克洛普斯號的船難事件。

一萬九千噸，在當時號稱巨艦的船，擁有完善的救難設備，但是卻没有發現求救訊號就消失了。最後，當然也没有留下任何遺體、殘骸破片或一滴油。

由於是在第一次世界大戰中，因此也有人猜測可能是被德國潛水艇的魚雷擊沉，或是艦內出現叛亂的事件。可是，根據戰後德國方面的記錄，發現當時的海域並没有魚雷或潛水艇存在，這些人並没有被逮捕。

「……賽克洛普斯號的消失，可說是我國海軍史上最不解的神秘之一。想要確認同船所在的嘗試失敗了，……雖然產生很多的臆測，但是卻無法説明同船的消失……。」

在海軍公式的調查報告内容中，基本上與虎星號消失的報告完全相同。

一九二〇年十月到翌年四月的半年内爲止，不知怎麼地，好像是船舶失蹤的「厄年」。至少有十二艘貨船或客船，在「百慕達三角洲」神秘失蹤。

↑雙重遇難的美國空軍 C135型機。

←「現在遇到如短劍一般的危險，……。」留下如謎團一般緊急訊號的「來福丸」。

→自昔日以來，就爲人所畏懼的「魔鬼海」想像圖。

←載著309名官兵而失蹤的美國船艦賽克洛普斯號。

大部分的船隻是從美國的大西洋沿岸航向歐洲，船籍不只是英、美二國，還包括意大利、俄國、挪威、巴西、加拿大等各國。

美國氣象局報告，當時海上的情形與歷年完全不相同，充滿著驚濤駭浪。當然，這可能是普通的遇難事件，但是奇怪的是這些船幾乎都沒有發出求救訊號，就斷絕了消息，也沒有發現任何殘骸。因此，看了圖表，各位就能夠了解，經由公式評論，結論大多是「原因不明」。

就如一九四九年，飛機連續消失的例子一樣，這時期「百慕達三角洲」是會出現某種超自然的狀況，而對自然條件也產生了作用，造成氣象急遽改變吧！

除了沒有發出求救訊號就失蹤的例子以外，還有相反的像飛行19一樣，留下最後的通訊，然後消失的例子也是有的。

另外，日本船籍的貨船來福丸（乘員四十八名），就是這樣的例子。

這艘船在一九二五年四月十九日，從波士頓運送小麥至德國漢堡途中——

「現在面臨如短劍一般的危機，……快點來……沒有辦法逃離。」

只留下這種異樣的緊急通訊，就消失得無影無蹤了。這「短劍」的確是令人不解的字眼，關於這字的解釋議論紛紛，可是經由公式評斷，認爲是因爲暴風雨而沉没。

但是，如果真是如此，爲甚麼通訊員在緊急通訊中，卻没有報導暴風雨或淹水等具體的情報，而請求支援呢？

這的確是一大疑問。

人消失——「遺棄船」的另一謎團

另一「百慕達三角洲」的消失現象特徵，就是只有乘船的船員或乘客消失，船並未消失，到處漂流的無人船——即所謂的「遺棄船」之謎。

幾乎是所有的例子都是快艇或帆船等，雖然有大小之差，但是卻是個人所擁有的帆船，因此通常會被視爲是遇到海盜的襲擊，或是因跌落海中死亡，或全員發狂、怨恨、互相殘殺，或是疫病的發生與逃亡、棄船後的漂流，遇到海盜攻擊後的放棄等等。

但是，由於珍貴的貨物或錢財、食物、水、寵物等等仍然維持原狀，沒有任何跡象或狀況證據顯示遭遇到破壞襲擊、叛亂、盜難或氣象變異，而只是人的失蹤，留下這不可解的現象。

一八七二年十一月四日，漂流在亞左雷斯北方，而被發現的梅莉·賽雷斯特號可說是最著名的例子。

船上的帆仍張著，食物、水和酒桶都維持原狀，好像正在用餐的狀態下，船長和妻子、女嬰與十名船員全都消失了。

只有人類消失，這種原因不明的遺棄船的例子，至少有十件以上類似的報告出現。

這種特殊的破棄船的人類失蹤事件，是否與飛機或整條船的消失事件，具有共通的超自然要素呢？

「百慕達三角洲」的船或飛機的消失現象，現在仍然持續著。無法以通常說明來解釋的事件，多則一年發生十件，少則一年發生一、二件。

但是，令人感到欣慰的是，犧牲的對象目前幾乎都是中型以下的船舶或飛機。由於近年來，這一類機械有大型化的傾向。而且，由於性能、裝備、防止意外事故的技術提昇，的確是助益匪淺。

尤其是噴射機，由於高度能夠在一萬公尺以上，以高速飛行，因此減少被害的機率。至少在公式記錄上，一九七一年九月，佛羅里達海灘美國空軍鬼怪Ⅱ型Ｆ４完全失蹤以後，現在已經沒有再出現無法以通常說明的空難報告了。

但是，即使是性能或裝備齊全的大型機或巨船，在「百慕達三角洲」也會經常發生一些以其技術或高度裝置、機器而言，不可能會突然產生的故障報告。

例如：一九七四年四月三日，堪稱史上最大的超級豪華船伊麗莎白女王二世號，在同海域航海中，突然因爲原因不明的全動力停止，而無法動彈，最後全部的乘客被解救出來。

↓引擎突然停止的國際航空波音727型客機。

↑船員消失，無人漂流著名的梅莉·賽雷斯特號。

當時，負責救助的沿岸警備隊巡邏艇的隊員，雖然肉眼看到了這艘船，但是不知怎麼地，這艘船的映像在雷達上卻消失了，這是一個奇怪的事實。

另外，一九七八年一月二十七日，美國國際航空的波音七二七型客機一二〇班次，以高度一萬一千公尺飛行於佛羅里達海灘上空。但是，不知怎麼回事，三架引擎全都毫無理由地停止了。

於是，這架飛機發出求救訊號，甚至降落到海面上一千公尺低處。可是，又不知怎地，三架引擎同時恢復了動力，終於度過難關。當時，飛機迅速落下時，一〇四名乘客認爲根本沒有生還的希望。

後來，根據FAA（聯邦航空局）事後徹底調查，仍然找不出三架引擎同時停止的原因。

但是，如神秘❷所叙述的，「百慕達三角洲」的魔力不論其真相爲何？我認爲可能已經波及超高度的宇宙空間。

死亡的海域中，存在著謎樣的變質空間

美俄攜手展開調查

「百慕達三角洲」消失事件最麻煩之處，雖然只有現象出現，卻無法掌握生還者來直接訴說事情發生的真相。

不過，慶幸的是在同一海域、空域，仍然有一些遇到裝置異常故障或氣象驟變，卻能倖免於難的經驗者，或是偶然體驗的時間與空間的異常現象，或是偶然在附近目擊到物體消失事件的人存在。

檢討這些人的報告內容，也能模糊地了解到「三角洲」內消失現象的驚人異常性質。也許，可以藉此發現解開謎團的關鍵或線索。

飛行19最後的通訊中，特別引人注目的異常點，就是羅盤等航行用器具完全無法發揮作用。關於這一點，在三角洲內擁有類似奇怪經驗的報告非常多。

實際上，這些羅盤在一四九二年美洲大陸被發現以前，就已經記錄過，這些船隻的羅盤針開始陷入狂亂中。甚至部屬們在羅盤開始紊亂時，也陷入叛亂中。

此外，最初平安無事，橫越大西洋，進行著陸飛行的林德巴格，他的愛機聖路易精神號的二個羅盤，都在佛羅里達海峽上空發生故障，偏離了預定的航道很遠，這是在一九二八年二月十三日的飛行日誌上記載的事實。即使航空技術發達，已經搭載精巧飛行機器，但是被害並沒有減少。

一九六八年二月，專屬亞特蘭大公司的飛行人員吉姆布洛卡因爲有事，要從巴哈馬的納索飛到帕姆比奇去，結果鑽入雲中。

後來，在納索北方的六十四公里附近，無線裝置故障，羅盤開始紊亂，飛行用的儀器全部停止，甚至連VHF方向探測器都不能使用了。

拼命逃出雲海以後，機器又恢復了正常，原以爲飛機的位置應該是在納索西北方，没想到卻到了東北方二四〇〇公里，產生了很大的差距。

如前文所介紹的，國際航空的七二七型機與伊麗莎白女王二世號不可解的引擎停止事件，當然也屬於這一類的事故。

和這些民間事故不同的就是，幾乎没有公開發表的事件，那就是航行於「三角洲」的美國海軍艦艇，經常會遇到這種被害事故。

例如：一九七一年三月，誘導飛彈驅逐艦USS理查·E·巴德號，在離開維吉尼亞州諾福克要航向百慕達，進行訓練航海的途中。第五天開始，通信手段陸續發生故障。

首先是雷達，不論是對空、對海、對地，依序都無法發揮作用，全部裝置都停止。接著，無法進行無線電通訊，也無法使用低周波的無線航行法式。最後，連電子陀螺儀都無法發揮作用。

持續這樣的航行中，到了第十天，突然恢復了與百慕達之間的無線電通訊，令組員感到非常安心，甚至開玩笑說：「這樣一來，我們就可以和消失在這海域的船或飛機面對面了。」

不只是在海上與空中，在水中也有潛水艇的電磁誘導系統混亂的情形。

一九五五年二月，屬於大西洋艦隊所屬的潛水碎冰艦USS提格倫號，在普耶爾特里克與聖湯瑪斯號之間進行演習潛航。結果，陀羅儀和羅盤全都發生紊亂，偏離原來的航道七公里左右，而撞到暗礁。

若是普通的潛水艇，應該會沉没，但是幸賴船頭的碎冰機之賜，只是船頭凹陷而已。後來，檢查官調查誘導系統，卻没有發現異常的部位。

事實上，像這種電磁裝置、飛行用、航海用的計器類，只有在「百慕達三角洲」內，才會頻頻發生故障。因此，軍事當局的航海圖或航空圖將這水域明顯地列爲「磁氣偏差地帶」。同時，因爲無線電通訊經常不通，所以將之視爲「不感地帶」。

一九七七年夏天，美國海軍在俄國艦隊協助之下，在這海域實施不同於以往的共同調查。根據公式的發表，目的是爲了調查西部大西洋海域的海洋氣象。具體方面，是要對於磁氣分佈的偏差狀態、海流與波浪的不規則性、海中的音響傳播經路、突發性的磁氣風暴作深入的了解。

當時和現在一樣，美俄關係非常友好，因此美俄之間特別强調這種和平協助的一環。美國的大衆傳播甚至報導爲「美俄共同合作進行『百慕達三角洲』的探查」。

不論表面的情形如何，總之，這一次的事件清楚地證明美俄軍事當局非常注意「百慕達三角洲」的存在。

結果（當然預想得到），「沒有察覺到與地球上其他地區不同的異常問題」，和以往一樣，也與這種若無其事的發表不了了之。但是，當局這種「發表」自然無法信任，這是政治與軍事世界的常識。

氣象衛星的照片也照出異常現象

實際上，三年前就已經有科學家認爲「百慕達三角洲」具有與地球上其他地區不同的性質。同時，覺得電磁干涉現象甚至波及整個宇宙空間。

那就是在美國維吉尼亞州隆格伍德卡雷吉的物理學家溫梅西江教授及其助手群。

一九七五年春天，關於「三角洲」現象的相關出版物陸續發行，當其神秘之爭正在沸騰時，教授以科學家的身分，發表了大膽的假設，引起各界的注目。

「三年前才發射升空，以高度一八〇〇公里繞行地球的NOAA（美國海洋大氣局）的極軌道衛星諾亞，當繞行到『百慕達三角洲』上空時，卻不知何故發生了故障。原因似乎是由於存在於同海域的一種强大電磁力所造成的。」

當然，政府相關當局否認該發表，認爲「無憑無據」。但是，教授的發表卻是有根據的。

教授及其研究群持續三年以上，對於氣象衛星諾亞一號、二號、三號傳送回地球上的照片進行分析研究，而注意到這神奇的事實。

諾亞能夠把地表的天候狀態以紅外線和可視光線的帶域進行同時攝影，變換爲電波訊號，傳回地球。當時，紅外線照片先傳送回來，而可視光線照片則可以在瞬間將其記錄在磁氣帶上，稍後再以電傳的方式送回地球。

但是，奇怪的是一、二、三號每當通過「三角洲」上方時，可視光線則會漸漸地變得很奇怪。五個月以後，形成消隱（甚麼也看不到）的狀態。只有在通過同海域上空時，才會發生這種現象，其影響會持續環繞地球一周，非常强烈。

「這可能是因爲產生强力電磁波，致使記錄儀帶子上的影像消失吧！」

這是教授的推論，而後來送上太空的諾亞四號也出現同樣的消隱狀態。

然而，既然是如此强力的電磁波，爲甚麼對於衛星的其他精密部分不會造成影響呢？這也是令人不解的部分。也許，我們可以假設爲是一種未知能量所產生的作用吧！關於這一點，稍後再爲各位做詳盡的敘述。

探查百慕達海域海面巨大的「穴」

「百慕達三角洲」的確與其他的海域在某方面有所不同，其證明就是由另一個人造衛星所得知的事實。一九七八年六月，NASA（美國太空總署）的噴射推進研究所送上太空的海洋觀測衛星，發現到百慕達島西南方的海面上，經常會存在著一個奇妙的「穴」。

海洋觀測衛星擁有五種感應器，其中一種雷達高度計是能夠測得同衛星距離海面距離，誤差只在十公分以內，爲高精度的科技裝置。

利用這精密的感應器所作成的海面高度測量圖，發現到在北緯三二・五度，西經二九五度附近，有一個中心爲橢圓形的海面凹洞——是又淺又寬的「穴」（參照下頁圖）。

直徑約四十公里，中心點的深度爲十五～十六公尺，呈圓波型，位置經常保持一定，並沒有顯示出除了波浪以外的其他變化。因此，很明顯地並不是旋渦所造成的。

目前原因不明，但是最有力的假設是在太古時代，由於大隕石落下，鑽入海底所造成

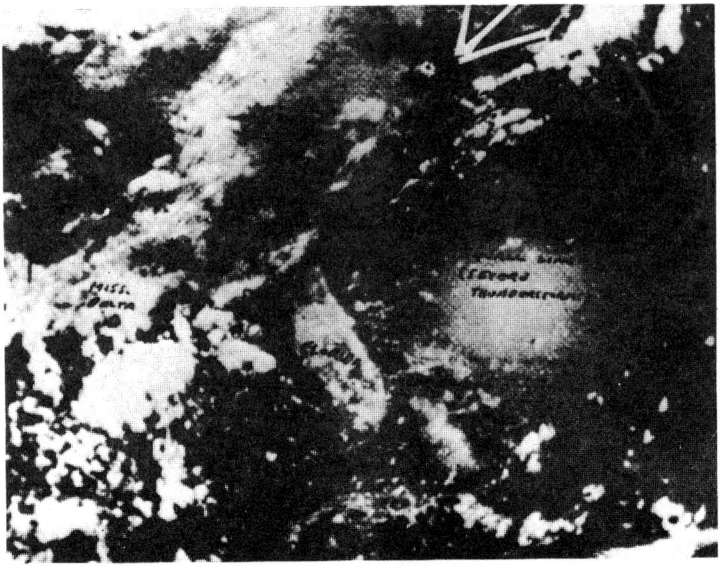

埃薩8號的衛星照片。箭頭是謎樣的「白環」。中央爲佛羅里達半島，白色圓爲雲。

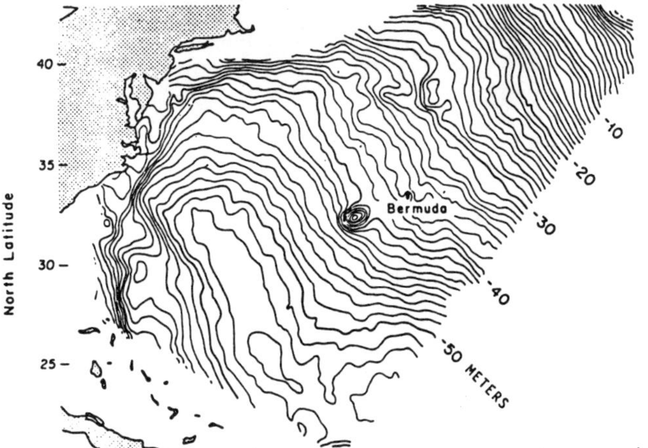

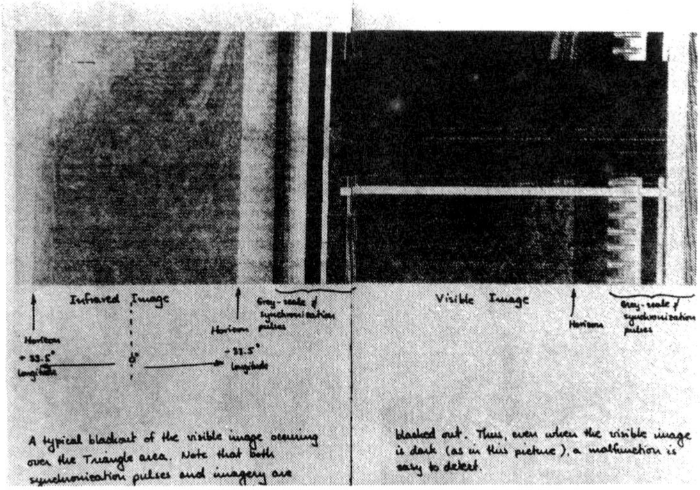
Infrared Image
Gray-scale of synchronization pulses
Horizon
Horizon
+33.5° longitude
0°
-33.5° longitude
Visible Image
Horizon
Gray-scale of synchronization pulses
A typical blackout of the visible image occurring over the Triangle area. Note that both synchronization pulses and imagery are
blacked out. Thus, even when the visible image is dark (as in this picture), a malfunction is easy to detect.

出現消隱現象，由諾亞衛星所送來的照片。左側紅外線照片照出影像，但是右側的可視光線照片卻形成消隱狀態。

溫梅·西江教授注意到氣象衛星諾亞的消隱現象。

的。因此，只有這附近質量集中（指局部物質密度提高之意），重力較强，所以海面會比其他地點更低。

從太空中偵察到的「百慕達三角洲」的怪異，仍然不少。

NASA的宇宙飛行中心的技師洛克·M·史都華，在另一個氣象衛星埃薩八號所拍攝的照片上，發現了以下的現象。

在廣義的「三角洲」西北端的哈泰拉斯岬附近，照出異樣的「白環」。

史都華分析數千張衛星照片，初次見到這種形狀物，爲了小心謹慎起見，參照其他受信局的同一照片，結果發現還是存在這種東西。這並不是來自底片上的傷痕或現像液的斑點。但是，在其他時間拍攝到同地點的照片中，卻不存在著這種物質，所以很明顯地這並不是地上的事物。

他的意見是「這可能是特別的雲吧！」但是，這種形狀的雲似乎需要某種特別的氣象條件（某種能量放射或與時空性質變異有關等）。

歪斜的時空——變質空間的存在

也許，這和一九七〇年十二月四日的白天，想要捉住民間小布魯斯加農的奇怪「雲狀構成物」，是相同的東西吧！

這一天，他和父親一起開著飛機，從安德洛斯島出發。當高度預定要上升至五千公尺以前，在上升途中，發現從後下方有巨大甜甜圈形的雲塊不斷擴大，湧上來，好像飛機完全陷入「穴」中一般。

前方的輸出口形成隧道狀，逐漸縮小，而他則加速達到界限速度（時速三一二公里），朝隧道方向衝過去。這水平的「雲隧道」全長約二公里，朝著邁阿密方向，出口可以清楚地看到蔚藍的天空。

不斷縮窄的隧道內壁，閃耀白色的光輝，雲流慢慢地以時針轉動的方式旋轉。最後的二十秒，機翼可以碰到兩側的壁，他覺得在幾秒鐘內，似乎處於完全無重力狀態下。終於從出口逃出，結果發現並不是蔚藍的天空，而是綠色的霧。即使想要確認確實的位置，電子儀器與磁氣儀器卻紊亂了。

突然，飛機周圍的煙霧中，出現巨大的裂縫。裂縫與飛行方向呈平行，不斷擴展，終於在飛機正下方，可以清楚地看到邁阿密海岸線，使他鬆了一口氣。

但是，到達機場著陸以後，令他感到驚訝的是，從安德洛斯到這兒至少需要一小時十五分鐘。但是，他只花了四十五分鐘，就到達了此地。同時，因爲這一次是繞道而行，直線距離三二〇公里，照理而言應該增加距離，飛四六〇公里才是。

縮短了三十分鐘，不，包括繞道的計算在內，縮短了四十分鐘以上的飛行時間，原因

↑被帶往「雲隧道」中的加農所駕駛的飛機。

←「飛行天使」的優勝者茱蒂·瓦格娜，她的手錶也慢了一分半鐘。

→福特·邁亞茲機場的管制室。配電盤上的電子時鐘，是一秒鐘也不差。

何在呢?如果要合乎計算，應該假設在「隧道雲」中，是以時速二千公里的快速速度飛行。但是，實際上這是不合理的。

加農所開的小型機爲了會有這樣的遭遇，很明顯地應該是時間的偏頗造成變質空間——通過歪斜的時空中，才是最佳的解釋。

相反的，也有時間延遲的報告。

一九七一年，從東北方向打算進入邁阿密機場著陸的國際航空的波音七二七型客機的機身，突然從空中管制雷達的雷達螢幕上消失了。

這時，大家都以爲飛機墜落，因而產生了大騷動。可是，十分鐘以後，這架飛機又出現在雷達螢幕上，而且平安無事地在機場著陸。

同機的乘客和機員對於這麼多人來迎接他們，感到很驚訝。更令他們感到驚訝的是，這些機員手上所戴的手錶，以及在出發前，已經對過時的飛機內精密時鐘，都差了十分鐘。

根據正駕駛和副駕駛的說法，在中途並沒有察覺任何異常現象，只不過在白霧中持續飛行十分鐘而已。這「白霧」與先前的「雲隧道」同樣，似乎與時間的伸縮有關，可能這是因暫時空間的變質，而產生的附帶現象吧!此外，還有時間拖得太久，而認爲是屬於變異的現象出現。

那是一九七八年五月十日，全美女飛行員爲了較勁，而舉辦「飛行天使」所發生的事情。

以德州達拉斯爲起點所進行的這項比賽持續進行著，這一天在快要到達終點的區間，也就是佛羅里達州福特·邁亞茲到巴哈馬群島的自由港爲止，要飛行大約三〇〇公里。比賽項目則是看誰的飛行時間最短。

在晴天，風也很穩定的飛行條件下，三十九名女飛行員陸續到達了自由港。

但是，她們爲了確認到達時刻而對時之際，卻發出了驚訝的叫聲。因爲不論是哪一個人的手錶，都比這機場的時鐘遲了一分半至三分鐘。

這是分秒必爭的比賽，因此所有的人在出發時，都曾與福特·邁亞茲機場的時鐘對過時。當然，兩個機場都是全美標準局的精密時鐘，每天都會正確地對時，絕對不會出現一秒以上的誤差。

換言之，所有人的飛行在「百慕達三角洲」內，持續了幾分鐘的時間。這不可解的事件包括第二十五次的「飛行天使」比賽在內，可說是全美比賽中罕見的事情。

對於這問題，負責解答的海軍氣象台時間業務局科學主任格連·賀爾博士也難以回答，只好承認道：

「沒有辦法以物理的方式來說明，也不可能因爲氣象的作用而使時間變慢。」

親眼目睹！時空穴吞食戰鬥機

親眼目睹「百慕達三角洲」內驚人「消失」現象機會的人雖然少，但是還是有的。

一九六〇年一月，在百慕達島上空所發生美國空軍新銳渦輪噴射戰鬥機·超級佩刀的例子，雖然公式報導是墜機事件，但是若目擊者的證言是真實的，那麼應該是在「怪雲」中消失的。

證人海烏德·維多是當時同島金德雷·菲爾德基地，參與人造衛星追蹤計劃的技師。在萬里晴空的下午一點鐘左右，他和同事們一起觀望著從同基地離陸的五架超級佩刀戰鬥機，因爲那是還沒有見過的新機種。

五架飛機拖著長長的白尾上升，組成編隊以後，衝進了海岸一公里處上空的大雲塊中。進入雲中的戰鬥機的確是五架，但是從相反側出來的——。

只有四架而已。

令維多等人感到驚訝的是，並沒有看到從雲中落下的飛機殘骸。後來，才知道這情形已被海岸監視用的雷達捕捉到，的確只有一架飛機消失，但是卻沒有捕捉到落下物。

數分鐘內，一架飛機失蹤事件被報導出來。於是，在現場和不到一公里深的淺海底，徹底進行搜索。但是，卻沒有發現任何墜機的殘骸。

「到底在戰鬥機和飛行員身上發生甚麼事情，軍事當局無法做出滿意的解答。」

這是維多的證言。

在此登場的「雲」，或先前的「白色煙霧」、「雲隧道」，可能是隨著空間變質所產生的附帶現象。唯一不同的就是有一架噴射機在此被吞噬掉。

由此可知，飛行19所留下的「白水」這謎樣的表現字眼，應該找到了解答的端倪，可能指的就是把自己吞噬掉的「消滅空間」吧！

當然，空間變質時，其時間系也和通常空間不同，所以飛行19的通訊與虎星號的通訊在距離確定遇難時刻更久以後，才收到通訊。這絕對不是無心者的惡作劇，而是如前文所述，國際航空客機或「飛行天使」的神奇「時間延後」事件，是屬於同質的現象吧！

「不明方向，方向指示器紊亂」

一九六八年九月二十一日，美國海軍原子力潛水艇蠍子號在地中海演習完畢，要回到諾福克的途中，消息斷絕以後，又出現謎樣的怪通訊記錄，也許可以符合這樣的解釋吧！

同艦在經過大搜索的結果，後來在亞索雷斯群島西南六四〇公里附近的海底，發現到殘骸，所以事故原因並不是一種「消失」的意外。

但是，在展開大搜索時，潛水艦用的特殊ＶＬＦ（超長波）頻道，卻收到了包括蠍子暗號名的怪電波。

美國海軍立刻以三角測量法找出發訊地點，是在大西洋的海底，趕緊派遣救助隊前去，可是卻沒有任何的發現。

結果，這怪通訊是以某人的惡作劇來處理掉。然而，VLF傳訊卻是非常昂貴，而又具有高難度技術的傳訊方式。而且，爲甚麼會知道海軍內部的秘密暗號，以惡作劇說來解釋，實在是不合理的現象。

這疑問如果再配合通過變質空間內的「時間延後」的說法，就可以用邏輯的方式來說明與發送地點的空間產生了差距。如果這是正確的，那麼蠍子號遇難原因本身，又不得不令人產生了新的疑問。

原子力潛水艇蠍子。自地中海演習歸途中，斷絕消息，但是，經由後來的搜查，在海底發現殘骸。然而，在展開搜查中，卻接收到潛水艇用的怪電波……。

飛行19最後通訊提出的不可解特徵，就是隨著事態惡化，原本不能與管制塔進行通訊。可是，在飛行19內的通訊，不久以後卻可以由別的飛機接收到。

通訊電波單向通行的怪現象，與時間的歪斜本身有密切的關連。關於這一點，還有另外一個「消失」的例子可以證明。

一九六九年六月六日，女性民間飛行員卡洛琳·克蕭所駕駛的賽斯那一七二，無蹤無影地消失掉。在消失之前，從地面上就可以觀察到奇怪的情況。

她的小型機從佛羅里達的彭爬諾·比奇起飛時，所提出的飛行計劃是要穿越巴哈馬群島到牙買加。然後和男朋友一起飛行，在中途會到達格蘭德·塔克島，進行燃料補給。

幾乎大致上在預定時刻，同島的小飛機場的無線電接收員，的確親眼目睹到賽斯那一七二在上空盤旋的姿態。在機艙內，交談的聲音也可以透過無線電而聽得到。但是，不可思議的是，再怎麼叫喚她，這一邊的電波卻無法傳達到空中的飛機上。

而且，還聽到了奇怪的談話。

「……方向不明，方向指示器紊亂……。」

數分鐘以後——

「燃料用光了！要下沉了，……請告訴我逃離的方法！」

從地面可以看到上空的飛機，而從上空卻看不到地面的機場，這是怎麼回事呢？可以聽到來自上空的聲音，可是來自地面的聲音卻無法傳達到上空，這又是甚麼原因呢？

難道當她俯看時，所看到的不是現在的島，而是機場還未建設以前的格蘭德·塔克島嗎？也就是說，這時候她的飛機已經掉落到「時空的洞穴」中了。

百慕達海域消失神秘❸

向消失之謎挑戰的二十種假設

從天候變動說到大洋底變動說、巨大漩渦說等

到底「百慕達三角洲」消失現象的神秘，如何才能作一說明呢？

在此，試檢討來自各方面的科學家、研究者所提出的各種假設、揣測，包括不合道理的說法，以及能夠涵蓋所有謎團的解言或一部分的說法。雖然可能性的程度不一樣，可是從中的確可以找到一些解開謎團的端倪。

不過，列舉的順序與可能性的高低完全無關，只能說是從日常因素的說明，到超常色彩濃厚的假設依序說明而已。因此，不能因其順序的不同，就表示可能性愈來愈低。

①天候遽變說

天氣預測只能夠以穩定的機率來表現，但是氣象可能會超出專家的預料，而產生遽變。

大多是由於地上的火山活動，來自於宇宙空間的隕石群落下，或是人類本身所產生的

各種產業廢棄物的蓄積效果等，許多出乎意料之外、考慮外的要因糾結在一起，而導致氣象遽變。

運氣不佳，如果捲入天候的遽變中，即使使用各種預防措施，也會因爲不可抗力而遇難。這是理所當然的事情。

②**大洋底變動說**

根據被視爲科學真理的大陸漂移理論的說法，在大陸與海底有一些巨大的板塊，會不斷地分離或撞擊。

在其邊緣附近所產生的海陸隆起或龜裂現象，就會引起海洋水塊的激烈動盪，而使航行於海上的大小船舶遇難。

③**漩渦發生說**

佔據「三角洲」重要部分的大藻海本身，會慢慢地經右旋轉似地旋轉移動，爲海流的巨大漩渦。

可能氣溫、潮流速度、方向等氣象條件，而使這中心附近轉變爲令人害怕的「大漩渦」，使船舶捲入而消失吧！

因氣象條件不同，也可能相反的，漩渦平靜無波，而形成極端的風平浪靜狀態，造成帆船無法移動，或使昔日的沉船殘骸漂浮上來。

一直被視爲是「船難海」或「船的墓場」等，受到昔日水手們感到畏懼的百慕達三角洲，並不全然是迷信。

④**巨大波浪說**

由於海底地震，造成高達六十公尺的大海嘯，是大家所知道的。「三角洲」海域的海底經常會因爲地震、海底火山、地滑等現象，而導致地形產生變化，其結果經常會發生局部的巨大波浪，而導致船舶的遇難事故。

⑤**巨大龍捲水柱說**

通常，發生於陸地或海上的龍捲風，會因空氣的高速渦流運動，而連帶地捲起土沙或水。

但是，在强力暴風雨中，大量吸起海水的「龍捲水柱」都可能會出現。以邏輯而言，這是可以想像得到的現象。如果條件齊備，龍捲水柱甚至可能巨大化到從海面通達雲海。一旦被捲入龍捲水柱中，飛機或船舶都會被扯碎，帶到遠方。事實上，就消失得無影無蹤了。

⑥**晴天亂氣流說**

如海面的巨大波浪一樣，朝相反方向吹的風之間產生衝突，會發生亂流的現象。垂直方向、水平方向都會產生，因此若是輕型機被捲入亂流中，可能被破壞無遺。

↑關於一部分的消失事件，可以深海怪物的襲擊來說明。

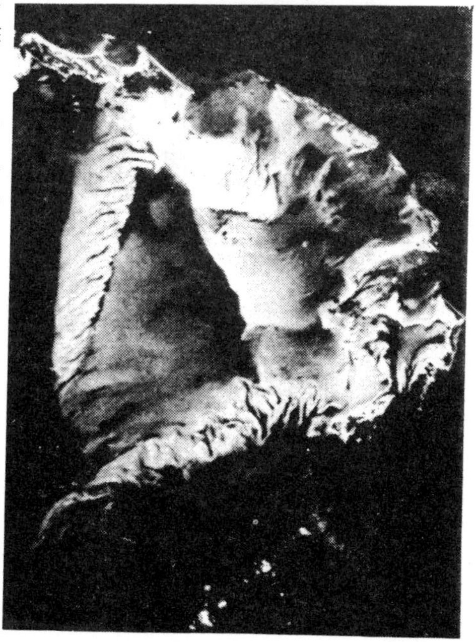

→阿波羅16號所拍攝到的「百慕達海域」之紅外線照片。海底的地形明顯地顯現出來，可見地熱比海水更高，暗示地中的變動非常激烈。

正如其名，在晴天時常會發生，幾乎是肉眼無法辨別的麻煩現象，可能也會阻絕無線電通訊。

以氣象條件而言，巨大的晴天亂流發生，即使是大型的飛機，也可能使得機身和機翼輕易折斷，而引起空中分解。

羅盤偏差說到磁氣地震說、宇宙放射說等等

⑦羅盤偏差說

地球的正北極與磁北極的極點有一些差距，而「三角洲」海域上正好位於正北與磁北一致的地點。

事實上，這是造成航行上的障礙或羅盤紊亂的原因。

⑧磁氣地震說

地球磁場的強度經常產生變動，其性質現在以科學方式無法解釋。但是，根據地球物理學家的主張，現在地磁氣有逐漸減弱的傾向。此外，在長久的地球歷史中，已經好幾次出現磁場南北逆轉的證明。因此，即使發生這種現象，也不值得感到奇怪。

總之，地球磁場已經接近某種危機狀態，而這種令人不舒服的徵兆，就以「三角洲」內的海底地震與磁氣異常現象表現出來。

⑨磁氣風暴精神攪亂說

在「三角洲」內引起各種遇難事故的惡劣天候，具有超出一般人想像之外的微妙作用的可能性。

在暴風雨的天氣中，觀察磁氣變化，發現會紊亂人類的精神。同時，也可能會產生視覺上的幻想或對於機械的錯覺。這可能是造成當事者所操縱的船或飛機悲劇事故的原因吧！

⑩巨大球電說

暴風雨時，由於閃電的放電而產生所謂的球電現象（球形高溫等離子體），雖然對其科學性質尚不了解，但是以現象而言，這卻是科學的事實。

巨大的球電，拼命地亂飛，一旦與海上的船或空中的飛機接觸時，會造成大量碳氫，也就是燃料槽爆炸，使這些物體消失，是很容易的事情。

⑪宇宙放射線說

通常，會得到包圍其周圍的范艾倫輻射帶之賜，而保護人類，不受人類有害的宇宙線或太陽所釋放出來的高能量粒子（所謂「太陽風」）的侵襲。

產生范艾倫輻射帶的地球磁場，因爲某種原因，而形成變動，使得保護壁的力量暫時減弱，或產生縫隙時，從這些地方侵入的宇宙放射線就可能使船或飛機解體，而殺戳生物。

⑫日月相關磁氣風暴說

月亮在滿月狀態下，會到達公轉軌道中的近地點（距離地球最近的位置），而與太陽的位置關係維持穩定狀態時，在「三角洲」內就會產生特殊的磁氣風暴。

結果，會使船舶或飛機的羅盤發生紊亂，出現暫時故障的現象。此外，也可能會阻礙通訊電波，而無法通訊，發生意外事故。

此外，以天體物理學而言，不明白原因何在。可是，以統計來看，容易引起磁氣風暴的狀態，在一週中以星期二最多。

⑬超低周波音破壞說

在「三角洲」內，由於地形、大氣、氣溫、海流、風向等許多因素，複雜糾結在一起，容易產生「超低周波音」（在人類可聽範圍以內的波長音）。

這「靜音」在平常是沒有危險的，但是在特定條件下，會發揮令人難以置信的破壞作用，損害生物的組織，或使人的身心紊亂，或是與引擎共振，使引擎停止，而誘發意外事故。

⑭氣體水和物發泡說

目前，這是最新提出的理論。

所謂氣體水和物，就是水分子在氫的附著下，所形成的中空球體，是屬於氣體封閉在內部的狀態。經常在深海底厚的堆積層內形成，而一旦發生某種紊亂現象時，就會大量分散、漂浮上來，使海面變成發泡狀的低密度液體。

船在這種低密度的液體中不會漂浮，而會沈没。此外，若發生巨大發泡現象，也會使通過上空的飛機引擎空轉，導致飛機墜落。

死亡海域是異次元人的出入口嗎?!

⑮反重力／反物質接觸說

近年由於素粒子物理學的發展，認爲會使所有物體完全消滅的可怕物質是實際存在的。這種與構成我們的宇宙物質有相反性質的「反重力物質」，就是這種物質。一旦二者接觸時，就會瞬間消滅。當這種「反物質」從宇宙落下時，可能就深埋在「三角洲」內的海底吧！

⑯異次元／黑洞說

時空構造極爲偏頗的異次元、次元斷層或黑洞，因爲某種原因而製造出「渦動」狀態。結果，運氣不佳的飛機或船，就被吸入其中，而永遠無法逃脫。

⑰亞特蘭提斯裝置作動說

太古時代，沉沒於大西洋的亞特蘭提斯大陸文明，據說使用的是與二十世紀發明物，雷射光共通的「結晶體能量發振裝置」，成爲海陸空的交通構造與兵器系統的動力源。

實際上，在比米尼附近，也發現了這種巨石建造物的一部分，可能就是這種「結晶體裝置」現在還經常會作動，而帶來破壞的結果吧！

⑱逆行渦動、負能量說

名稱與性質依主張者的不同，而有不同的說法。主要是指由於磁氣或重力紊亂，而造成「逆行渦動」（向上的渦動），或是「負金字塔能量」（與普通的金字塔能量相反的性質），而使得投入其中的飛機、船或人，强制性地被釋放到宇宙空間。

⑲深海怪物襲擊說

廣大深遠的海洋，棲息著從中生代開始殘存的恐龍或海龍，長年累月巨大化的章魚、魷魚等頭足類，還有一些怪獸、怪物，可能一部分的消失事件可由這一類的怪物來說明吧！

⑳幽浮採集樣本說

比地球文明更爲優秀的智慧生物，悄悄地從宇宙來到此地拜訪，在飛機與船舶往來頻繁的地球上的這個海域，認爲是採集標本的絕佳「場所」。也許，對他們而言，地球人及其文明產物只是冷酷的研究觀察對象而已。

有時候，閃電的放電會引起球電現象。這球電在空中飛竄，一旦接觸到船舶或飛機時，可能會引起燃料槽爆炸，因此使其消失得無影無蹤。

這說法再賦予變化，就是這海域內可能有宇宙人或「海底人」的海底秘密基地說，以及「異次元人」的「次元出入口」說。總之，共通點就是認爲幽浮是採集標本活動用的交通工具。

雖然提出這麼多的假設，但是「三角洲」內的怪現象由於具有複雜、多面的性格，僅僅靠一種解釋，並無法解答這種神秘。

我們可以得知的，就是任何一項說明都不能說明「三角洲」現象或消失事件的假設。

其中太多的說法本身，就充滿邏輯上的矛盾（例如⑮），以及一開始就放棄對一切現象的說明（例如⑲）或是太過於一般論，因此無法說明「三角洲」

現象選擇性格(僅僅些許的時間或場所的差距,就能得到解救,或只有人消失)的不可解現象(例如⑪),這樣的例子太多了。

事實上,對於「三角洲」現象要作一解釋的話,由於它具有多樣而又複雜的性格,所以一定要借助「大統一假設」來給予合理的說明。

我試著成立這「大統一假設」,而這假設的線索則包含在先前所介紹的各種事件或現象中,以及各項假設中。

但是,要了解這種「大統一假設」,也許必須要了解「百慕達三角洲」內所發生怪現象的側面,尤其是超自然、心靈的側面。

幽靈現象意味著甚麼？

出現在黑暗中的巨大幽靈船……

談到「百慕達三角洲」之謎，在現代認爲與這「消失」現象有密切關連的現象，就是十年前，還被當成話題的「幽靈船」。

再加上無人漂流船或沉没船的説法，使得船員們把這地區當成是「船的墓場」或「船難海」，相繼訴説著其可怕性。

自發現美洲大陸，幾世紀以來目擊到的「幽靈船」。傳説中，甚至還包括了出現在世界中各海洋的「徘徊的荷蘭人」。

姑且不論這些古代的事件，即使進入「百慕達三角洲」時代，目擊到「幽靈船」的説法，仍然不絕於耳。其中，由於目擊經驗是不可能抹煞的，因此被記入航海日誌中，並且沿岸向警備隊報告的實例也曾發生。

例如：進行海底電線架設工程的船塞拉斯菲爾德號，在一九四六年三月一個晴天的夜晚，在佛羅里達海岸二十五公里附近，差點撞上一個橫帆式的舊式帆船。即將撞上時，被值班人員發現，趕緊改變航路，好不容易逃過了一劫。值班船員看著船頭擦身而過的帆船，可是船上卻沒有人影。只是在船尾的船長室看到明亮的燈光。

當時的航路修正附上理由，一併記入日誌中，並向紐約的沿岸警備隊報告。但是，這一天晚上，在比米尼到佛羅里達之間，發生了好幾次相同的事件。警備隊也調查這帆船的行蹤，卻無法得到任何線索。

然而，不久之後，又出現現代「幽靈船」的例子，那是一九七五在巴哈馬群島內水域與海洋調查船安達西‧獵人號擦身而過的謎樣巨船。

根據當時的W‧H‧普洛沙船長的體驗談，在當時附近沒有任何船，這一點是經由雷達確認的事實，可是没想到那艘船卻出現了。

突然，從右舷側射入强烈的光，使他瞬間目炫不已。可是，從窗子往外一看，看到會讓人聯想起好像是「有數層樓高的希爾敦大飯店」的客船聳立在附近。

船上看起來好像是有「休息室、陽台、附帶照明的游泳池」等極盡完美的娛樂設備。透過玻璃窗，映照出燦爛明亮的燈光。

他爲了避免與這艘巨船衝撞，因此改變航路爲這艘巨船平行的航路。但是，在轉舵的時候，没想到巨船從右舷側消失，移到船頭的前方。根據船長的說法，「在二、三秒內，前進了四十五度。」

瞬間，他所描繪的「希爾敦」的姿態，消失得無影無蹤了。雙方距離得這麼近，這是根本不可能發生的事情。更讓人難以置信的是，雖然相距這麼近，但是這如謎樣的巨船卻始終没有出現在雷達螢幕上。

類似的例子在一九七二年四月，一位工程師兼快艇好手洛巴特·迪拉·帕拉，在北卡羅萊納州的南港海港海灘也曾遇到一艘「幽靈船」。

傍晚，和二個朋友一起搭乘單桅帆船皮爾卡姆拉德號，在前方遠處，看到一艘大型的油船。

以船的行進速度和距離來判斷，應該不會相撞。在感到安心的時候，没想到數分鐘後，那巨大黑色的船體卻出現在眼前！

兩舷的紅綠色舷燈好像怪物的眼睛一般，散發著光亮，有如要撞毀帆船一般地逼迫過來。呆立在一旁的洛巴特和一位朋友，連忙飛奔到船帆和船舵旁，並拼命地呼喚在船底的另一人。

然而，距離這麼近，衝突是無可避免的了。他不禁閉了眼睛——。

接下來的瞬間，飛奔而出的朋友卻茫然地問他們：「發生甚麼事呀？」洛巴特等人用手指著前方時，卻嚇得目瞪口呆。原來，不知何時，油船竟然移到相反側，而且船尾朝著自己的船漸漸遠去了。

可是，從雙方的位置來看，絶對不可能避開船的衝撞——。除了「幽靈船」以外，又能作何解釋呢？

傳說的亞特蘭提斯大陸地帶出現幽靈陸地

包括以上的例子在內，關於「幽靈船」的目擊常在極短的時間內發生，大致能以肉眼捕捉得到，然後就結束了。

不過，偶爾也有以「機械眼」捕捉到「幽靈船」的例子。當時，不論攝影者本身或在一旁的觀察者似乎都没有注意到。

一九七五年七月，在比米尼東北一二〇公里的海上，海洋學家吉姆森博士的調查隊開著快速艇新自由號前進，同時兼電影拍攝的調查工作。

突然天候改變，奇妙的强烈閃電打雷現象並没有伴隨著雨而開始出現了。在晴朗的夜空中，卻不斷閃動著閃電，鋸齒狀、令人感到眩目的電光，延伸在整個水平線上。

森博士面對這壯大異樣的光景，連忙用照像機拍攝彩色照片。當時雖然没有注意到，可是事後所拍攝到的一張照片，卻令他驚訝不已。

↑17世紀以來，持續出現的「幽靈船」。

↓出現於大藻海，令人感到不舒服的「白色閃耀生輝的水」。

在畫面左手邊，拍攝到巨大橫帆式帆船的帆與操舵室的一部分。而且，距離新自由號只有二十～三十公尺而已。

但是，在這閃電風暴前後，確認近海並沒有其他的船出現。而且，船上的人員也不曾看到此物的出現。經由攝影專家與照像館的技師確認，攝影或顯像時失誤的可能性等於零。

這艘古代帆船在「三角洲」特有的無雨電氣風暴中，瞬間被拍攝下來，的確是頗耐人尋味的事情。

然而，既然是「攝影機眼」所拍攝下來的現象，要否認這是屬於鬼怪的現象，也是無可厚非之事。不只是攝影機，甚至雷達上也會出現這種看似鬼怪的現象。

在「三角洲」內，民間快艇雷達在沒有陸地的水域，經常接到的報告是接觸「陸地」。

海軍當局對於這一類的報告說明是，「這只不過是大氣的特殊狀態經常產生的鬼怪現象而已」。但是，以下的例子又應如何說明呢？而且，這是沿岸警備隊員們本身的體驗報告。

一九五六年八月八日凌晨一點半，沿岸警備隊的鋪設調查艦亞馬克洛號（艦長威廉·D·斯特洛奇中梭）報告，在大藻海域突然探查到不應該存在的陸地。

這時，同船是在距離最近的陸地至少二六〇公里的公海上，而雷達所捕捉到的「陸塊」，卻在航路前方僅僅四十五公里距離的位置。

令人感到困惑的雷達源的報告，使得值班士官法蘭克·福林中尉去檢查雷達和羅盤，結果結論是相同的，於是趕快向艦長報告。

斯特洛奇艦長再次檢查船艦的位置與儀器，一切的裝置都檢查過以後，發現一直維持著正常運作。而且，天氣晴朗，海面平靜無波，沒有異常的氣象條件。

一個小時半以後，亞馬克洛號距離造成問題的陸塊約八〇〇公尺。於是，小心謹慎地繞到左邊，慢慢接近。

這時，打亮三十六吋碳弧光探照燈照射目標時，發現那兒確實橫陳著暗色的「陸塊」。雖然雷達波與强烈的探照光都無法透過，可是他們卻知道這不是真正的陸塊。

那是因爲這未知的物質塊很明顯地好像離開水面，漂浮在空中似地聳立著，從東北到西南，雖然距離並不清楚，不過似乎一直延伸到遠方爲止。

當船艦再接近時，艦橋的右舷突出部曾經三度輕輕接觸這「物質塊」，可是卻沒有感覺有任何的撞擊。

艦長下定決心，要把船艦駛入「物質塊」。全部的船員一起集合在操舵室，觀察接下來的發展。

在突入的瞬間，視野幾乎等於零，所有的照明光度都被遮掉了。連令人感到眩目的探照燈，也變得非常微弱，每個人都覺得很奇怪。但是，覺得與空氣完全相同，並沒有出現臭氣。

然而，進入後不久，機械室的蒸氣壓突然降低。船行進的速度開始減慢，艦長認爲再進入會非常危險，於是艦長命令船掉頭脫離。

當船艦朝左轉時，來到「物質塊」的相反側。推測這神奇物質的上下厚度，約八〇〇公尺至一公里左右。

這巨大的「幽靈陸地」卻隨著黎明的曙光而消失得無影無蹤了。

傳說中，大藻海在一萬二千年前，是亞特蘭提斯大陸沉沒的地方。我的推論是亞馬克洛號的雷達與船員們所看到的「幽靈陸地」，可能就是過去的幻象吧！

百慕達海域也有幽靈飛機出沒

在「百慕達三角洲」也曾目擊「幽靈飛機」的例子，而且，是同時有數百個目擊者看到。

一九三五年二月二十七日晚上十點鐘，在佛羅里達州觀光聖地迪特納海灘，引起了突如其來的大騷動。因爲很多人目擊到「附帶紅、綠翼端燈的銀色飛機」，衝入迪特納海灘飯店正前方的淺海中。

從亞特蘭大來到這兒旅行的傢俱商福雷斯特·亞迪東與貝西夫妻，也是其中的二人。他們住在一個可以俯看海岸，視野頗佳的房間裡。

正打算上床的時候，丈夫爲了放下窗簾，而走近窗邊，突然二人就看到飛機這樣飛了過來。

「啊！要撞上窗户了！」

丈夫不禁叫著，但是説時遲那時快，飛機就在飯店正前方，岸邊不到一〇〇公尺處，消失在海中了。

不到數分鐘，許多目擊者都向沿岸警備隊提出報告。因此，警備隊連忙派遣艦艇與小艇針對落海地點與沿岸周邊仔細搜索。

但是，没有發現殘骸、破片，甚至一滴油膜，並且照會佛羅里達、喬治亞二州的所有機場，詢問是否有行蹤不明的飛機或飛行員出現，但是卻没有這等事情。結果，認爲這是「毫無根據的流言」，而終止搜索。

然而，根據許多目擊者的證言，飛機的顏色、形狀與降落地點卻完全一致，所以絶對不是普通的妄想。況且現場是淺灘，殘骸應該不會隨著海流而沖走。

因此，這應該是看到了「幽靈飛機」的事件。

一九六七年秋天的某一個白天，從巴拿馬的那索要到紐約去的豪華客船伊麗莎白女王一世號上，也曾經目擊到在三角洲的「幽靈飛機」。

那是一個晴朗的天氣，海面平靜無波，早上七點鐘以前，船上的服務員約翰·山達與西德尼·華盛頓二人來到後方甲板，喝著咖啡，開始準備一天的工作，而親眼目睹一架小型飛機正飛了過來。

先發現這架飛機的約翰，指著告訴西德尼，西德尼也察覺到了這架飛機。就在右舷前方三〇〇公尺處，大約以二〇〇公尺的高度，筆直地朝著這兒飛了過來。

就在這一瞬間，二人不禁大叫。原來小型機的高度急速下降，墜落在七十公尺前方的海中！

但是，二人覺得不可思議的，就是沒有聽到小型機的螺旋槳爆炸的聲音。而且，飛入海中時，卻沒有濺起水花，只是身影突然消失而已。

二人趕緊報告值班士官。船掉頭放下救生艇，但是在飛機落下的現場海面附近，卻沒有看到任何殘骸或破片。

他們所目擊的可能是時間的逆流或時空的變質，而暫時出現的過去幻影吧！

船或飛機的「消失」事件重複出現，同樣在「三角洲」海域，經常目擊到船或飛機的「幽靈」，到底意味著甚麼呢？

這兩個看起來好像是截然不同的現象，但是實際卻具有密切的關連吧！

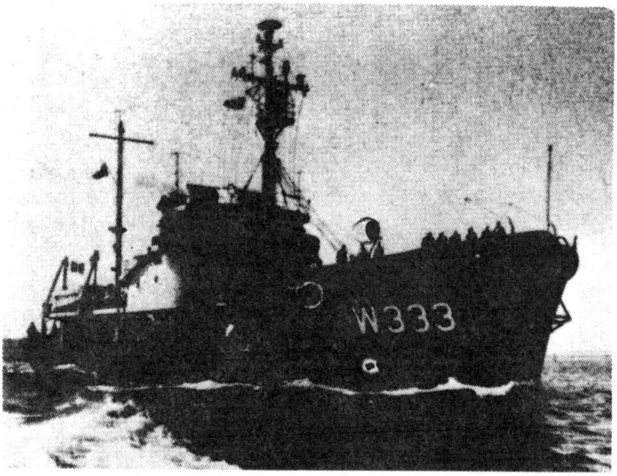

↑沿岸警備隊的敷設調查艦亞馬克洛號。同艦在1956年8月8日，在大藻海遇到謎樣的「物質塊」，並衝入其中，難道這是亞特蘭提斯大陸的「幽靈陸地」嗎？

↓1977年，漁船的聲納在海底探測到「神殿金字塔」，但其後未能再次確認，這可能是超越時空壁，出現在海中的「幽靈」嗎？

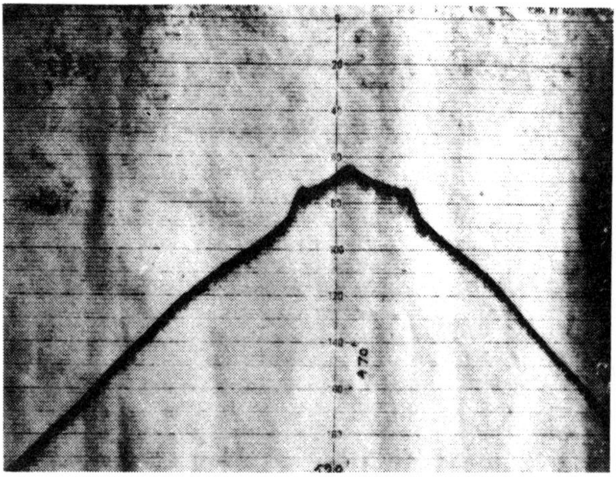

也許，我們必須要認定這些「幽靈」是過去的幻影，因爲時間的逆流或時空的變質，有可能是未來的幻影。

例如：「會讓人聯想成高級飯店的巨船」，可能就是未來度海的超級豪華客船吧！消失在迪特納海灘的「銀色飛機」，可能是從這次事件發生的時間（一九三五年）開始算起，是未來或在不久的將來就會消失的輕型飛機的幻象吧！

我想再指出的一點就是，在「三角洲」內發現類似過去遺物的事件，至少有三項。

雖然没有詳細記載的資料，但是其中一項就是一九六八年，職業潛水員兼海中攝影師布魯斯·姆尼亞在潛水中，親眼目睹到的「海中雪男」。另一項就是一九六九年，深海調查艇亞爾實號的海軍上校，馬卡米斯親眼目睹的與蛇頸龍一模一樣的怪物；而另一個則是一九七七年，東·亨利船長的漁船聲納，在海底探索到的「神殿金字塔」。

當然，由於每個人對事物的看法不同，因此所做的結論也不同。此外，由於只是看到一次，没有人再度看到過，因此大膽地假設不論他們看到的是實物或幻象，可能是超越時間壁，暫時出現在海中的「幽靈」的存在。當然，也是很難取信於人。

我一直在叙述「三角洲」海域的「幽靈」現象。事實上，這和「消失」現象有關——換言之，在神秘❺中爲各位叙述的超心理現象與超物理現象的接點，似乎就是解開「百慕達三角洲」一切謎團的關鍵。

百慕達海域消失神秘⑤

解開百慕達海域之謎的大統一假設

解開宇宙眞理物質＝精神一元論

昔日，人類不論古今中外，都相信精神與肉體應該分別考量的物質＝精神二元論。隨著西洋流合理主義的興盛，以物質一元論佔優勢，現代科學則是以唯物論的哲學爲基礎，而發展出來的。

但是，這種自然觀很明顯地過於偏重物質界。因此，現在自然科學最前線則認爲物質與精神的某處應該是連續——即精神作用與物理作用的最終點是相同的。如果不成立這種新的「物質＝精神一元論」，則無法解開宇宙的真理，這種新思潮出現了。

這種最終的精神作用、物理作用，換言之就是超心理現象、超物理現象。這兩現象的本質連續性，就可以找出「百慕達三角洲」之謎團關鍵。因此，我們就開始展開這「大統一假設」吧！

當然，並非全是我獨創的理論。最初的啓示是來自超自然現象研究的偉大先驅者查爾斯·福特的「萬物會轉變，自然與超自然相連」這句話。直接的影響則是來自將「三角洲」現象與超心理現象連結起來的美國研究家，亞吉肯特·T·傑夫里與亞蘭·朗茲巴格的想法。

但是，把「百慕達三角洲」的超物理現象與超心理現象，放入一個綜合的假設範圍内的嘗試，這可以說是最早的。

在百慕達海域，衆人陷入恍惚狀態

首先，從超心理學的觀點來看「三角洲」現象，由於我們被整體的現象遮蔽了雙眼，因此忽略了實際上它具有重要的意義。

換言之，捲入事件的飛行員、船長或無線電工作人員在遇難之前，是否出現一種異常不可解的「方向感覺喪失」。

爲甚麼一些經驗老到、冷靜沉著的老手，在通過已經經常通過或早已看慣的海上或空中時，會突如其來地喪失了正確的判斷力呢？

飛行19的編隊長泰勒上尉，就是典型的例子。

但是，關於這「方向感覺喪失」，以往也有很多研究者指出。可是，更嚴重的情形，似乎已經進入一種「暫時性精神錯亂」的現象了。

雖然事物的性質並沒有公開予以發表，但是在看了泰勒上尉與地上的管制塔或附近其他飛過的飛行員交換的通訊記錄以後，就一目了然了——很明顯地，一些前後矛盾的談話，同時持續著毫無意義的鋸齒狀飛行路線，雖然提出救助的請求，但是卻無視於或拒絕所給予的指示、命令。

海軍調查委員會最終的報告指出，「看似引起原因不明的精神錯亂」。以心理學而言，這現象是所謂的「意識變質狀態」，就好像超心理學所認爲的超能力者，心靈學的靈媒會出現的「恍惚狀態」一樣。

這就是經歷一種超自然現象、超能力或心靈現象，而容易產生的一種被動精神狀態。爲甚麼飛行或航海於「三角洲」內，突然就會陷入這種不解的狀態呢？

在此，要注意的是，他們的飛機、船的儀器或通訊裝置一定會發生紊亂或故障，也就是一旦發生這種海域特有的現象，就會出現某種電磁氣異常的狀態，對於機械或人心會造成影響吧！

這的確是有科學根據的說法。

根據巴黎的艾克爾·諾曼的伊布·洛卡爾教授，以及美國阿肯色大學的札波伊·哈巴里克教授的研究，即使是普通人的身體，也能夠感受到地球磁場強度一萬分之一的微弱磁力變動。若是超能力者，甚至還能察覺到十億分之一的微弱變化。

另一方面，在暴風雨或颱風來臨之時，大氣中會產生電氣性質的變化，陽離子量遽增，松果腺會分泌出血清素荷爾蒙。

這是會對神經組織產生作用的荷爾蒙，一旦大量產生時，容易引起精神變調，而松果腺的活性化與「超能力」的發現有密切的關係，所以在東方，自古以來就將之視爲「第三隻眼」。

陷入這種「意識變質狀態」時，人經常會發現心電感應或念力，尤其是青春期前後的少年、少女，會引起更激烈的「騷靈」現象。

這是一種無法控制、發動性的念動現象。更極端的，就是當事人周圍的物品會漸漸地「消失」，或是產生「意念移動物體」（物質遠隔移動）的例子，實際上已經報告出來了。

也許，同樣的現象在「百慕達三角洲」中，也發生於突然陷入「意識變質狀態」的泰勒上尉等人的身上吧！

從物體的消失或非物質化等特徵來看，二者的確具有成爲同質現象的可能性。

但是，二個現象之間卻有很大的差距。超心理現象的一種「意念移動物體」，是指物體消失，但是時間卻很短，空間可能由屋內移到屋外，或是移到隔壁房間，是屬於比較近的場所。而且，會再次出現的情形佔壓倒性多數。

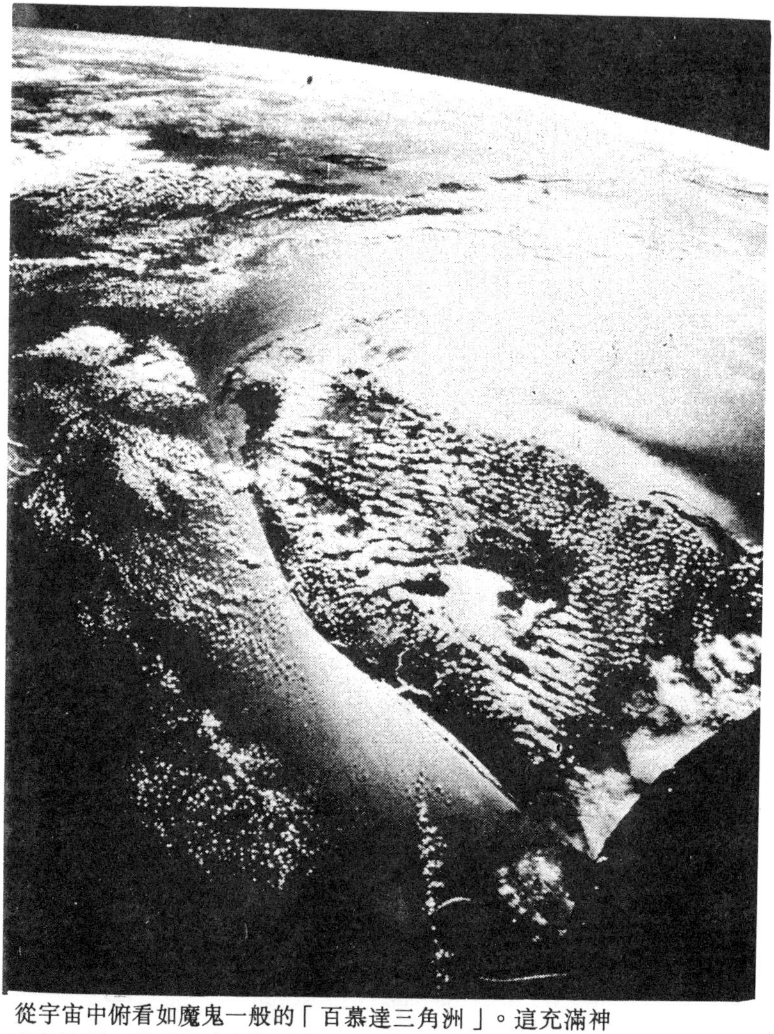

從宇宙中俯看如魔鬼一般的「百慕達三角洲」。這充滿神秘的海域，難道是時空的裂縫嗎？還是進入異次元的入口嗎？

了。

但是，在「三角洲」內的「消失」事件卻沒有再度生還，而從原來的時空世界中消失

即使認爲這是「超能力能量」的差距所造成的，但是仍然無法解決問題。

問題在於第五種力量

一般而言，超能力的研究所遇到的最大難關，就是這力量從何而來，要發現其構造。

這和在科幻小說中登場的理想超能力者不同。實際上，超能力者的力量並不是非常强大的。尤里・基拉這種超能力者，也只不過是能彎曲湯匙而已。

這並不是經由科學實驗，而是經由瑜伽的行或靈媒實驗，使人類的身體或桌子飄浮的例子還是有的。超能力者藉著本身的意念來移動物體的力量，可以移動可帶著走的物品。

但是，對象卻是巨大的船或飛機，要使其消失，所需要的能量自然很大。要使超能力能發揮作用時，不論需要多大的能量，首先一定要使能量發生（或是得到能量），然後朝著對象物進行集中移動。關於這一點的研究，一些超能力研究者目前還不清楚，或是相反地，有人提出否定的理論。

典型的例子，就是因黑洞的研究而著名的英國物理學家約翰・泰勒博士。

他對尤里・基拉與同類的人物進行嚴密實驗，把超能力命名爲「基拉效果」或「意志

力場」，並假設其真相爲「五十到一五〇赫的低周波電磁波」，是屬於肯定論者。

但是，卻無法說明何以能量會發生，以及其集中移動的過程。因此，數年以後，被否定論者推翻其理論。

實際上，我曾翻譯過泰勒博士肯定論時代的著作，所以非常了解他的理念。我認爲他似乎太急於下結論了。

超能力的搬運能量限定在電磁波上，並且自己的作業假設是拘泥於人類腦內，發生這種能量的構造上。這種想法當然會有人否定。

那麼，超能力的相互作用是否不是來自電磁波？根據後來物理學的發展來看，的確是非常可能的。

泰勒認爲「若精神非物質，則在科學範圍外不值得考慮」，把適用範圍只限於自然界的四大力（重力、電磁力、强核力、弱核力）。即使在微觀世界中，也無法檢出除此以外的第五種力量，因此他斷定除了四大力量以外，沒有其他力量的存在。

超越愛因斯坦時空的超空間是存在的

的確，數年前，物理學界一旦抬出「第五種力量」，會受人恥笑。但是，這種時代已經成爲過去式了。

例如：美國的物理學家湯瑪斯·柏丁就曾說：

「精神爲時間場，是以往的物理檢知過程無法了解的實在物。而且，精神與物質連續，可以相互轉換。」

提出「物質＝精神一元論」的原型。基於這理論，人類整體的意識／無意識的多層重合體爲一大「超實在」，對物體會造成影響，可能也會導致時空變質。這力量隱藏著能夠使尤里·基拉彎曲湯匙力量的10×10^{9}倍的能量，甚至可以混亂星球的軌道。

若此力能由個人的意識／無意識精神的「出口」放射出來，的確就能輕易地使飛機或船消失。

此外，泰勒也否定「意志力場」存在於異空間的可能性。

「要證明空間不同、平面不同的二者之間能夠產生相互作用，是不可能的。要使非物理的空間數量化，也是不可能的。不符合現實物質世界的任何東西，都不能以類推的方式來考量。」

但是，另一方面，普林斯頓大學的世界理論物理學家約翰·懷勒教授卻提出，應該認真檢討「共存於同一空間多元宇宙」的可能性。

他假設一個超越愛因斯坦時空，不斷轉變的「超空間」，將其比喻爲「慢慢起伏，覆蓋風景的泡沫地毯」。

↑能夠彎曲湯匙的尤里·基拉。超能力者是接收來自宇宙的能源管道。

→超能力者能以這種方式扭曲空間嗎？

出現在此處的泡沫，是連接多數宇宙的出入口，而這些宇宙的重要特徵，就是生物與無生物，所有的物質都同時存在，意識可以從一個宇宙轉移至另一宇宙。

因此，在「超空間」不論時間的任何時刻——不論過去、現在、未來，奇妙的消失或出現，都可以說是從一個宇宙到另一宇宙的「旅行」。

和泰勒一樣，是屬於倫敦大學的物理學家約翰·海斯泰德教授，以邏輯的方式，發展這個理論，認爲可以說明超心理現象，與他的同事泰勒之間形成了對立。

根據他的說法，這「多元宇宙」的各宇宙之間，沒有物理的交流關係，而人類的無意識精神卻能橫跨無數的宇宙。因此，無數的宇宙能共有同一個個人，精神雖屬於非物質，但屬於各宇宙的個人之間，卻可以進行心電感應的交流。

海斯泰德教授對於引起超心理現象所需要的能量，有以下的說明：「個人的無意識精神在擁有高潛能的任何一個宇宙，只要切換開關，就能流入必要的潛能。」

換句話說，「超能力能量」並不是「精神」本身的產物，而是存在於「外部」。也許，「百慕達三角洲」之謎就可以藉此得到一大解答。

我們人類藉著「精神」（或「心」、「意識/無意識」）的頻道，而成爲與「超空間」的連續體。當成「超能力」，產生不可解現象的未知能量，透過這頻道就能流入，是屬於一種「超空間能量」。

也許，我們還可以這麼說——。在「百慕達三角洲」這著名的地球上海域，因爲某種原因，「超空間」與人類的頻道較容易打開，所以可說是宇宙、地球、人類之間所謂「連接點」的存在。

是由於地球地形的偶然，宇宙構造的必然，或是一些我們所無法得知的超自然的理由，或是因爲一些其他的謎團而造成的。

總之，當打開這頻道時，「超空間能量」就像怒濤一般地湧入「百慕達三角洲」。

於是，「宇宙的超能力者」能彎曲巨大的湯匙，或是紊亂電磁氣場，或是擾亂時間的潮流，或弄歪空間的構造。因此，有時只有人，有時甚至連船或飛機都消失得無影無蹤。

「完全消失」事件系列

註1　以完全消失得無影無蹤，海難審判也公式化的評斷為「原因不明」事件為最優先。

註2　包括評斷認為有特定原因，卻殘留疑問的事件在內。

註3　日期不詳的事件、公式評斷未決的事件，也包含在完全消失的事例中。

註4　包括不能說明的遺棄船事件。

船舶部分

①一八〇〇年八月二十日

美國艦皮卡林格號（九十人）在西印度群島消失。

②一八四〇年八月下旬發現
法國商船洛札里號在加勒比海無人漂流（只有人消失，只有貓和金絲雀生存）。

③一八七二年十一月四日發現
英船梅莉·賽雷斯特號（十人）在亞左雷斯群島海灘無人漂流（人類消失）。

④一八八〇年一月一日出港
英艦亞特蘭大號（二九〇人）在離開百慕達後消失，公式評斷＝氣候惡劣而遇難（？）。

⑤一九〇九年十一月十四日出港
美國帆船斯普雷號（由環繞世界一周的帆船好手丁·斯洛卡姆）在邁阿密海灘消失。公式評斷＝操縱船失敗（？）

⑥一九一〇年三月十五日出港
美國船艦尼娜號在喬治亞州沙邦那海灘消失，為汽船第一號犧牲者。

⑦一九一八年二月四日出港
美國船艦賽克洛普斯號（三〇九人）在加勒比海消失，為通訊裝備船第一號犧牲者。公式評斷＝結論未定。

⑧一九二〇年十月一日出港
俄國貨船亞爾比洋號離開諾福克以後消失。公式評斷＝原因不明。

⑨一九二〇年十一月出港
挪威貨船斯巴克庫號離開紐約以後消失。公式評斷＝原因不明。

⑩一九二〇年十一月十七日出港
西班牙船尤提號離開波爾奇莫亞後消失。

⑪一九二〇年十一月二十五日出港

挪威貨船福洛里諾號離開漢普敦‧洛茲後消失。公式評斷＝原因不明。

⑫一九二一年一月二十日出港

美國貨船休特號在德州沙比涅與波士頓之間消失。公式評斷＝原因不明。

⑬一九二一年二月二日出港

英國油船歐塔娃號從諾福克到英國途中消失。公式評斷＝原因不明。

⑭一九二一年二月三日出港

巴西船卡貝迪洛號離開諾福克後消失。

⑮一九二五年四月十九日

日本貨船來福丸（四八人）從波士頓到德國途中消失，發出如謎樣的ＳＯＳ求救訊號。公式評斷＝遇暴風雨遇難（？）

⑯一九三八年三月？日

英船安格洛‧歐斯拉里安號（三九人）在亞左雷斯南方消失。公式評斷＝原因不明。

⑰一九四四年十月二十二日發現

美船魯比空號在佛羅里達海灘無人漂流（只有人消失，一隻狗生存）。公式評斷＝遇暴風雨而遇難（？）

⑱一九四六年十二月五日發現

美國斯庫納重帆船貝爾城號在邁阿密東南海灘無人漂流（只有人消失）。公式評斷＝遇到強風，人掉到海中（？）

⑲一九四八年一月三十一日

美國運輸船沙姆‧基號（四三人）在亞左雷斯西北海灘消失。公式評斷＝原因不明。

⑳一九四九年一月十九日

美國漁船德里夫特德號（五人）在佛羅里達海灘消失。公式評斷＝原因不明。

㉑一九五〇年四月五日出港

美國貨船聖德拉號（十一人）在喬治亞州沙邦那到委內瑞拉途中消失。公式評斷＝原因不明。

㉒一九五八年一月一日
美國帆船雷波諾克號（五人）在基威斯特與邁阿密之間消失（同船有著名的帆船好手H・科諾巴同乘）。
公式評斷＝天候惡劣而遇難（？）

㉓一九六七年十二月二十二日
美國小遊艇威奇・克拉夫特號（二人）在邁阿密淺灘消失。公式評斷＝結論未定。

㉔一九六八年四月五日
美國貨船伊麗莎白號在邁阿密與委內瑞拉之間消失。公式評斷＝原因不明。

㉕一九六九年七月中發現
美國單桅帆船巴卡邦德號等共計五艘帆船，在亞左雷斯西方小域無人漂流（只有人消失）。公式評斷＝四件為原因不明，一件為自殺（只是推測）。

㉖一九七一年十月十五日
多明尼加貨船耶爾・卡里貝號（28人）在加勒比海消失。公式評斷＝原因不明。

㉗一九七一年十一月三十一日發現
美國漁船幸運・艾德拉號（十人，只是推測）在南加吉海灘無人漂流（只有人消失）。公式評斷＝原因不明。

㉘一九七三年三月二十一日發現
美國貨船亞尼塔號（三二人）在諾福克的東邊海灘消失。公式評斷＝原因不明。

㉙一九七三年三月二十二日
美國帆船迪法安斯號（四人）在聖多明縣北方海灘無人漂流，發現後消失。公式評斷＝

原因不明。

㉚一九七四年四月二十七日

大型帆船塞巴·邦克號（四人）在那索與邁阿密之間消失。公式評斷＝可能遇到海上劫持，但原因不明。

㉛一九七四年七月二十四日

美國帆船道奇·特里特號在加特凱和邁阿密之間消失。公式評斷＝原因不明。

㉜一九七六年六月二十四日

美國帆船美麗唐號（四人）在百慕達與諾福克之間消失。公式評斷＝原因不明。

飛機部分

①一九三一年六月

美國單葉機卡奇斯·洛實號（二人）在佛羅里達的帕姆·比奇海灘消失。

公式評斷＝原因不明。

②一九四五年一月二十日

空軍B25轟炸機（九人）在百慕達與亞雷左斯之間消失。公式評斷＝原因不明（敵襲？）

③一九四五年七月十八日

海軍PB4YW機（十五人）在邁阿密與巴哈馬之間消失。公式評斷＝原因不明（敵襲？）

④一九四五年十二月五日

海軍TBM復仇者魚雷轟炸機五架編隊（飛行十九、十四人）在佛羅里達東北海灘消失。留下謎樣的通訊，使「百慕達三角洲」一躍成名。公式評斷＝原因不明。

⑤一九四五年十二月五日

水手飛行艇（十三人）前往救助飛行19，在同一海域消失。公式評斷＝空中爆炸（？）

⑥一九四七年十二月五日
空軍C54超級堡壘轟炸機在百慕達海灘消失。公式評斷＝空中爆炸（？）

⑦一九四八年一月二十九日
英國南美航空導師四型虎星號（三十人）在百慕達東北方消失。公式評斷＝原因不明。

⑧一九四八年十二月二十八日
美國DC三型客機（三六人）在邁阿密海灘消失。公式評斷＝原因不明。

⑨一九四九年一月十七日
英國南美航空導師四型艾莉亞星號（二十人）在百慕達與牙買加之間消失。公式評斷＝原因不明。

⑩一九五〇年三月二十四日
空軍C一二四環球霸王運輸機在「三角洲」北端消失。公式評斷＝原因不明（球電？）

⑪一九五〇年六月？日
美國DC3型飛機在牙買加與委內瑞拉之間消失。公式評斷＝延遲搜索，原因不明。

⑫一九五二年四月？日
海軍PBY機（八人）在牙買加東方消失。公式評斷＝原因不明。

⑬一九五四年十月三十日
海軍星座機（四二人）在百慕達北方消失。公式評斷＝結論對立。

⑭一九五六年四月五日
空軍B25改良貨機（三人）在佛羅里達南方消失。
公式評斷＝原因不明。

⑮一九五六年十一月九日
海軍P5手水哨戒飛行艇（十人）在百慕達南方消失。公式評斷＝原因不明。

⑯一九六〇年一月?日
空軍超級佩刀戰鬥機在百慕達空軍基地離陸後不久消失。公式評斷＝不詳。

⑰一九六二年一月八日
空軍ＫＢ50型機（八人）從維吉尼亞州空軍基地飛往亞左雷斯途中消失。公式評斷＝原因不明。

⑱一九六三年九月二十二日
空軍Ｃ一三二運輸霸王機（10人）在亞左雷斯西方消失。公式評斷＝原因不明（天候不良？）

⑲一九六六年十二月?日
班鳩火箭機（二人）在比米尼與邁阿密之間消失。公式評斷＝原因不明。

⑳一九六七年一月?日
幸運輕型機（四人）在基拉奇海灘消失。公式評斷＝原因不明。

㉑一九六七年一月?日
三架火箭機在桑方與巴金群島之間消失。公式評斷＝引擎故障（？）

㉒一九六七年三月二十三日
幸運輕型機（二人）在牙買加與那索之間消失。公式評斷＝原因不明。

㉓一九六九年六月六日
賽斯娜一七二機（卡洛琳·克蕭與一名男性）在格蘭德·塔克島附近消失。公式評斷＝原因不明。

㉔一九七一年七月二十六日
邁阿密飛行俱樂部所擁有的一架小型機（四人）在巴爾巴德斯海灘發出意義不明的求救訊號後消失。

公式評斷＝原因不明。

㉕一九七一年九月十日

空軍鬼怪ⅡF4噴射戰鬥機（二人）在邁阿密東南方消失。

公式評斷＝原因不明。

㉖一九七三年五月二十五日

那邦16型機（二人）在巴哈馬的自由港與佛羅里達之間消失。

公式評斷＝原因不明。

㉗一九七三年八月十日

幸運輕型機（四人）在福特·洛達迪爾與巴哈馬之間消失。

㉘一九七三年十一月？日

海軍PBM水手飛行艇（十九人）在諾福克南方消失。

公式評斷＝原因不明。

㉙一九七三年十二月十九日

水陸兩用機（二人）在那索與福特·洛達迪爾之間消失。公式評斷＝原因不明。

㉚一九七四年七月十四日

切羅基六型機（六人）在西帕姆·比奇與巴哈馬之間消失。公式評斷＝原因不明。

㉛一九七五年三月二十七日

一架空軍戰鬥機（四人）在格蘭德·凱曼島與福特·洛達迪爾之間消失。公式評斷＝原因不明。

㉜一九七五年八月四日

雙引擎輕型機（三人）在巴哈馬群島的大伊納格亞西方消失。公式評斷＝原因不明。

第3部

諾亞方舟
—— 神秘外星人

諾亞方舟—神秘外星人❶

分布於全世界！與文明發祥共存的方舟傳說

全心投入找尋諾亞方舟的全太空人

「我相信諾亞方舟是實際存在的。日本人或美國人超越人種或宗教，想要找尋人類創世紀之謎，實在是太好的事了……。這對於太過傲慢，而喪失對神的畏懼的人類而言，諾亞方舟的發掘具有重大的意義！」

向日本記者發表這談話的是詹姆斯·亞溫——他是乘坐阿波羅15號，在一九七一年到達月球表面，把「月球石頭」帶回來的光榮太空人。

一九八七年一月中旬，成爲「聖經樂土國際調查委員會」顧問，來到日本，很快地就在記者會上如此發言。

也許，各位會感到驚訝，何以一個太空人會做這樣的事。因爲亞溫在歐美，是著名的「諾亞方舟」的探險家、研究家，曾經五次爬上傳說方舟，漂流到達土耳其亞拉拉特山去進行調查。他之所以對諾亞方舟如此執著，關鍵在於看到月球表面的石頭閃耀生輝的瞬間，啓發了以下的靈感所致。

「是神把我帶領到這裡來的！」

他將之命名爲「創世紀石」帶回地球，成爲把聖經的內容當成是事實的原理主義者派的基督傳道者。而且，傾注所有心力，找尋隱藏創世紀之謎的方舟。

從太空人成爲傳道者——使亞溫有如此巨大轉變的「諾亞方舟」，到底是甚麼呢？當然，只要是聖經宗教（基督教、猶太教、回教）信徒們，相信都會知道，但是真有這樣的東西存在於世界上嗎？

想要解答這疑問，首先就要找尋記載諾亞方舟故事的『舊約聖經』的〈創世紀〉了。創世紀上說，在遠古時代，人世混亂，罪惡瀰漫，看到這種情形的亞威神引發大洪水，決定要滅絕地球上的人類——。

方舟傳說是史實嗎？

唯一沒有被抹殺的例外，就是心靈清純正直的諾亞一家。從神所創造的人類始祖亞當算起，爲第十代。諾亞接受神的好意，神事先就提出警告，說：

「你用杉木建造方舟，內設小房間，用松脂塗遍內外……。你看吧！我會爲地上帶來大洪水，有生命的靈魂會隨著肉體從天下消失，地上的一切都會滅絕……。

你帶著妻兒子女和媳婦們一起進入方舟，而所有有生命的東西各帶二個野用方舟載著，一起逃生去吧！不過，一定要雌雄成對……。」

諾亞遵照神所指示的吩咐與製造方式，建造了三層建築的方舟，載著全家人和動物，緊閉門戶。終於，暴雨驟降，大洪水侵襲而來。

「大深淵源不斷裂開，天窗大開，雨連下四十晝夜……，洪水在四十天內覆蓋大地……。

大水不斷上漲，將方舟往上推，方舟離開陸地，浮了起來。水的威力更增強了，甚至連在地面的高山都被吞没……。」

方舟就這樣漂流在水面，終於雨不再下了，洪水從地上開始退去。隨著大洪水隨波逐流的方舟，在第一五〇天到達亞拉拉特山上。

從大洪水開始，過了一年又十天以後，第三次放出去的鴿子並没有飛回來。大地的水全都退乾時，神祝福諾亞等人，並命令他們：

「你和你的妻兒子女、媳婦們，全都走出方舟吧！儘量增產，使生命充滿整個地面。地上所有的獸，空中的飛鳥，爬在地上生存的生物，在海中所有的魚都要增產……。」

↑描繪諾亞八人乘坐方舟的13世紀的馬賽克畫。

→11世紀法國古文獻中，帶有寓意說明的方舟剖面圖。

↘西西里島帕雷爾莫的蒙雷亞雷大寺院正面門扉上所描繪的諾亞方舟（12世紀後半期的布倫茲浮雕畫）。

↓中世紀畫家所描繪出建造方舟的諾亞等人的樣子。

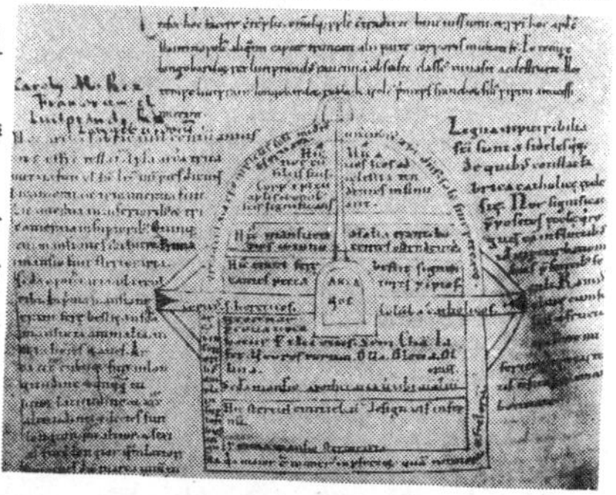

唯一存活的諾亞一家，就成爲人類的新始祖……。這是聖經的說明。

以上的「大洪水」與「諾亞方舟」的傳說，後世的解釋各有不同。

首先是從毀滅世界的大洪水到諾亞方舟爲止，有很多人相信這全是事實。尤其是在近代以前的聖經宗教家，以及在現代，特別是基督教的原理主義者，都採取相信事實的立場。

其次就是在世界上，還是有人認爲在當時的聖經宗教地帶，才發生了這種局部的洪水災害，以此記憶爲基礎，事後再加上宗教的教誨或戒律，而創造出這種富於想像力的神話。現代的宗教家或學者，大半都贊成這種想法。

此外，還有一些學者，認爲這個故事發生的世界，只不過是聖經樂土內的故事。不只是洪水，甚至連諾亞的故事，都是基於某種程度，實際存在的英雄人物的傳承而發生的。

不過，有這種想法的人佔少數。與原理主義者同樣，承認會毀滅全世界大洪水爲史實，藉此以科學的方式，與地質學上的地球激變說結合在一起的說法，以及認爲諾亞方舟故事的部分，是在傳述宗教教義的寓言故事的看法，佔大多數。

但是，不論是做任何解釋，總之到了近代持續研究以後，逐漸了解到一個清楚的事實。「大洪水/方舟」傳說的起源，可以追溯到太古時代，而同類型的傳說在世界上廣爲流傳。

從粘土板文書中，也發現洪水傳說

一八七二年秋天，在大英博物館一角整理龐大的粘土板文書的年輕研究者，卻遇到了意想不到的世紀大發現。

這粘土板文書是在古代美索不達米亞（現在中東伊拉克附近）的尼涅威遺跡中發掘出來的，是BC（紀元前）七世紀左右的楔形文字文書，其中記載著與諾亞方舟傳說完全吻合的巴比倫時代的洪水傳說。

那是記載古代英雄吉爾加梅修事蹟的「吉爾加梅修敘事詩」的一部分。在第十一章中，有二〇〇行敘述關於洪水傳說的故事。

這一章中，描述主角吉爾加梅修因親友之死，而對於死亡感到煩惱時，突然想到只有祖先烏特納皮修提姆在人類中，是唯一的一個得到永遠生命，幸福過活的人，於是去找他。幾經辛苦以後，終於遇到烏特納皮修提姆，而詢問他不老不死的秘密，那是關於洪水與方舟的故事。

——神爲了懲罰人類的罪，於是決定在大地興起大洪水。但是，雁吉神卻隔著牆壁，通知在修爾帕克（幻發拉底河畔的古老都市）的國王烏特納皮修提姆，對他說：

「你弄壞自己的家，建造船。放棄財產，保護自己的生命。衆神已經捨棄了你們，你要救自己的命，把所有的生物、種子都堆放在船上……。」

烏特納皮修提姆按照神的指示，花了七天建造出相同長度與寬度的船。船分成七段，共有六層。船上載滿了家人與無處棲身的人、建造船的工匠、野生動物。

這時，時刻到來了。從傍晚開始降下豪雨，暴風侵襲。

「……可怕的雷雨滂沱而下，黑雲從地平線上升起。暴風雨摧毀了建築物和碼頭的支柱，衝壞堤防……。黑暗侵襲而來，所有的光都變成了黑暗。暴風終日瘋狂地吹拂著，波濤達到了山上……。

暴風雨持續吹拂了六天六夜，陸地受到洪水和暴風的侵襲。到了第七天，帶來洪水的暴風雨停止了……。海面上風平浪靜，水面降低……。在寂靜來訪時，人類全化爲泥土……。」

但是，除了雁吉以外，其他衆神不知道的就是，烏特納皮修提姆等人的方舟，在波濤洶湧的水面，雖然好像樹葉一般被撥弄著，可是卻平安無事地度過了暴風雨。

暴風雨停止時，他們戰戰兢兢地打開船口一看，光照了進來。然而放眼望去，全是一片汪洋。他頹喪地坐在那兒，淚流滿面，這時——。

「……忽然山出現了，船漂流到了『救濟山』。尼西爾山緊緊抱著船……。」

接下來的六天內，他們一直留在方舟內，陸續放出鴿子、燕子、大烏鴉，最後烏沒有

↑諾亞方舟漂流到的亞拉拉特山。

↗「吉爾加梅修敘事詩」中所描述的12片粘土板中的1片。這敘事詩所描繪的大洪水故事與諾亞的大洪水故事幾乎完全相同，而在古代粘土板文書上，也有相同的故事，可見大洪水傳說的起源非常古老。

→中世紀作成的「地上的樂園」圖，右上方是有方舟存在的亞拉拉特山。

↓中國山東省石室雕刻的女媧和伏羲的交歡圖（參照170）。

再回來，他們才外出，向衆神獻上祭品，表示感謝。

知道烏特納皮修提姆等人仍然活著，最初衆神感到很生氣。在雁吉神的調解下，衆神了解以後，給予他永遠的生命，並加入衆神的行列中。

不過，不久後就了解到，這烏特納皮修提姆的傳說，並不是諾亞方舟傳說的起源，因爲在古老的粘土板文書上，同樣記載著在美索不達米亞南部，世界上最古老的蘇美文明（BC四〇〇〇年～BC二〇〇〇年），也敍述英雄王宙斯德拉在雁吉神的幫助下，從連續七天七夜的大洪水中生存下來，加入衆神行列的方舟傳說是實在的，所以關於烏特納皮修提姆故事本身，只不過是後世的杜撰而已。

換言之，「大洪水／方舟」傳說在人類文明發祥時，就已經存在了。不，不僅如此，現在也了解到相當於「世界毀滅」內容的這一類傳說，在世界古老的文明中，從太古時代就已經傳承下來了。那麼，到底是甚麼樣的傳說呢？

日本的『記紀』神話中，也隱藏著大洪水傳說的影子……

洪水傳說的專門研究家，德國的優西姆：里姆博士在其名著『神話與科學上的大洪水』（一九二五年）的序文中，說「所有的傳說中，洪水傳說廣泛分布於世界各地，使人難以認爲是發自同一起源……。

事實上，的確發生了「大洪水」。神話。尤其是與自然有關的神話背後，隱藏著不容懷疑的事實。後世則在這事實上，賦予神話的要素與形態，結果形成現在的形態。

做了明確的斷言。實際上，洪水傳說不只發生在聖經樂土及其周圍，甚至在亞洲、歐洲、南北美大陸、非洲、澳洲、南洋群島各地，都確認其存在。

例如：哥倫布發現新大陸時，在美國印第安人與各部族中，就已經傳承著類似諾亞方舟的大洪水傳說。不論是哪一部族的傳說，都說因爲人類變得邪惡，神才會發起大洪水，作爲懲罰。每個人都利用圓木舟（或方舟）逃到高山上，而世界則被毀滅了。

根據專家的說法，在這種「洪水／方舟」傳說方面，世界上至少有六〇〇種以上的傳說，主角的人數達到一〇〇人以上，而所漂流到的高山，就超過五十座以上。

尤其是代表性世界的「洪水／方舟」傳說，在一七四頁表爲各位揭示。不過，最令我們感到有趣的，就是古代中國的傳說。

在少數民族較多的中國，滲雜著很多洪水傳說，大致可分爲神話時代的神王、女媧傳說，以及最古老的王朝夏（ＢＣ二〇〇〇年左右）始祖大禹治水談這二個系統。神話上的女媧是創造人類的神，與教導人類畜牧、漁獵的伏羲、教導農耕的神農並稱爲三皇。因爲天變地異，而使大地變爲大海洋時，她修補天地，抑制大洪水。

另一方面，在民間傳承中，伏羲與女媧是兄妹，在人類受到天罰，大洪水侵襲時，二人鑽進巨大的葫蘆中，而能倖免於難。所以人類滅絕，只有二人生存著，而結爲夫妻，再次成爲人類始祖，這傳說和諾亞方舟的傳說有同工異曲之妙。

更耐人尋味的是，女媧（Nu－Wah）的發音與諾亞（No－ah）的發音類似，這難道是偶然的巧合嗎？說到巧合，大禹治水的事蹟更是具有奇妙的巧合。一說大禹得到七位天使的幫助。一說根據聖經的記載，載著諾亞方舟的衆人中，除了諾亞以外，還有他的妻子、三個兒子與媳婦，二種傳說都有八個人。

更耐人尋味的傳說，則是根據漢和辭典，「船」字的右半邊是「挖」的意思，左半邊是「舟」的意思，二個字合起來的意思，則是「挖木還舟」。但是，把代表「挖」的字分開，則是「八」與「口」，就是八個人的意思，所以可將之視爲原本就意味著「逃離大洪水災難的八名家族的舟」。

更有趣的是「昔」這個漢字。漢字最古老的起源在於甲骨文（刻在龜甲或獸骨上的文字），而「昔」這字的甲骨文如一七二頁的圖所示，意味著在太陽之上或之下有大波濤。即使在太古時代，也暗示著可怕的大洪水災害。

那麼，日本的情形又如何呢？在日本，並沒有這一類的洪水傳說。不過，仔細分析記紀（古事紀、日本書記）的神話或傳承，還是可以清楚發現日本也有大洪水傳承的痕跡。例如：日本列島建築的神話。

——日本這國家在形成以前，最初的國土「看似浮游一般，漂浮在海面」，結果有男女二神站在天上的浮橋上，用長矛攪拌海水，在把長矛往上拉的時候，長矛前端附著的泥「自行凝固」，而形成了島。這就是日本列島的開始。

這也讓人聯想起「大洪水」後的光景，然而決定性的叙述卻是在後面。也就是說，兩神在日本列島上，豎立如天般高的高柱，繞著柱子的周圍，朝反方向轉，相遇時便性交，後來就生下衆神……。

實際上，在前述的中國神話中，逃離洪水災難的伏羲與女媧兄妹，後來也繞著大樹周圍轉，而結爲夫婦，成爲人類再生之祖。

同樣地，在台灣阿美族神話中，也傳說在以前逃離大洪水災難的兄妹成爲夫婦，成爲人類的祖先。換言之，在日本的神話如記紀所編纂的，因爲某種理由而失去前半關於洪水的叙述，因而使日本人喪失了關於大洪水的傳承。

關於喪失洪水記錄這一方面，雖然是日本一部分神話學者所指出的遺憾，但是被正統派學界所忽視的正史外的古文獻，也有暗示大洪水的部分出現。

雖然傳承不明，但是由名稱來看，的確是與大洪水有關。這一點有賴以後古史書研究家的解答。總之，太古的地球隱藏可怕的秘密。在我們調查神話傳說時，可以明顯地感受這一點，使得「大洪水/方舟」傳說更具有現實味。

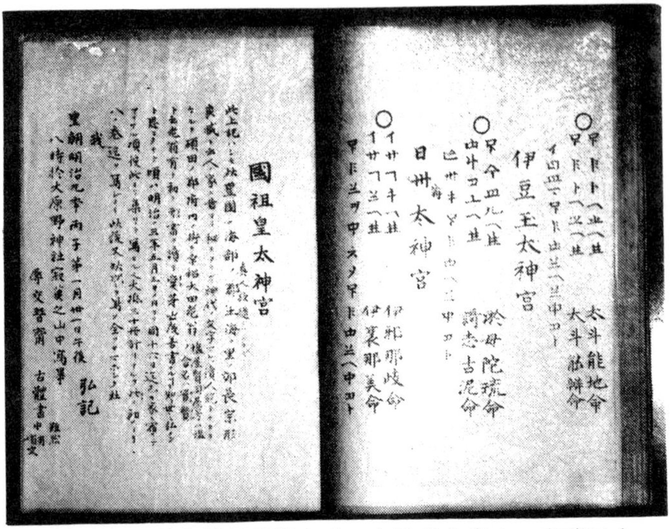

日本古事紀以前文獻的「抄本」。在神代文書中，有暗示大洪水的奇妙神名，有待今後的解釋。

抄本

甲骨文字的「昔」字，是指太陽在波上（上）或太陽在波下（下），似乎暗示太古時代的大洪水。

大禹因治理黄河有功，而成爲夏朝的始祖。但是，這治水譚也與諾亞的洪水傳說有奇妙的一致。

世界洪水、方舟傳說

出典	生存者	生存手段	大變異	救助
聖經摩西五書	諾亞一家與鳥、獸等。	方舟……長三〇〇×寬五〇×高三〇，用柏油瀝青塗抹杉木材，而做成的船。	40天40夜的雨。「水淹沒地面一五〇天……，大海之源全部破裂……，水覆蓋群山，在乾土上的人全都死去……。」	方舟漂流到亞拉拉特山。諾亞釋放鴿子和烏鴉。第三次釋放後，鴿子沒有再回來。然後，諾亞等人就走下方舟。
蘇美巴比倫的記錄	修斯德拉和家人、朋友、鳥、獸。	全長五視距、寬五視距的船。	「可怕的襲捲風飛上天，海水淹到岸邊，河水衝上堤防。」	漂流到亞美尼亞的格爾迪耶尼山。生存者回到西帕拉，挖出文明記錄。
亞述、巴比倫記錄	烏帕拉茲與家人、僕人、家畜、野生動物。	長六〇〇×高・寬六〇〇庫比特的船。	六天六夜的「高潮與龍捲風……，溺死者的屍體如海草一般漂流……。」	漂流到尼西爾山。雖然鴿子飛回來了，但是烏鴉並沒有飛回來。「後來，烏帕拉茲和他的妻子被允許像神一般地活著。」

出典	生存者	生存手段	大變異	救助
蘇美、亞述、巴比倫記錄（前二者的變形傳說）	烏特納皮修提姆一家與動物。	「載著生命種子的」船	大洪水持續六天六夜。第七天，烏特納皮修提姆往外一看，一切都恢復了平靜，人類化為泥……。」	船到達尼西爾山，烏特納皮修提姆放出鴿子、燕子和烏鴉。烏鴉沒有回來，吃著屍體。鳥都沒有飛回來。於是，眾人一起下船。眾神在討論以後，給予生存者永遠的生命。
希臘傳承與古代的註釋書。	都卡里昂和妻子皮拉、孩子、豬、馬、獅子、蛇等地上的動物。	巨大的箱子	大洪水持續九天九夜，「水從大地噴出，海都滿出來了……。」	漂流到帕爾納索斯山。後來大地裂開，水從裂縫中退卻。都卡里昂和皮拉把石頭丟到原野時，由投石者的性別各自將其變為男女。
印度傳說	馬奴（變形的說法為馬奴和七位聖仙）	馬奴捉到一隻魚，漸漸長大以後，對馬奴說，要馬奴取自己的角來製造船（一般的說法，認為這條魚是比修奴的化身）。	大洪水	聖魚拉著船，越過北方諸山，到達希馬巴特山。上陸以後，馬奴憑自己的力量再創造全部生物。此外，馬奴得到了年輕的女孩，使大地再充滿了人。

出典	生存者	生存手段	大變異	救助
印度的普拉納聖典	沙丘拉瓦塔	由聖魚所引導的船。	大水持續七天，「三個地方的泉水被水淹沒……」。	魚把船拖到陸地。
波斯傳承	伊馬和一〇〇〇組夫妻，以及鳥、獸等。	「用土所建造的地下的城寨或墓地，大小僅容馬奔跑，能貯存食物、果實、植物、動物。」……這地方「深達三層樓，有寬廣的街道……」。	地震、洪水、火災滅絕世界。	伊馬和朋友再次走出地表，重建世界。
可蘭經	奴夫瓦一家與動物	方舟	洪水覆蓋大地。「地上被洪水淹沒……，方舟漂流在波濤間……。」	阿拉眞神說：「哦，大地呀！請你吞沒水。哦，上天呀！請你停止下雨。」他漂流到朱弟山。

出典	生存者	生存手段	大變異	救助
北歐神話	貝爾加魯梅爾與妻子	巨大的船	大水與火。「水面上升，大地變得黑暗，大海蛇拍打著水。石丘衝過來，合而為一。大地沉沒在海中，明亮的星星從天空墜落，熊熊的火升到天上……。」	水退了以後，貝爾加魯梅爾和妻子再次使地上充滿了人類。
前基督教時代的愛爾蘭傳說	賽沙爾女王及其大臣	船	從海上溢出的大水	七年半的時間內，持續航海，但是並沒有回到愛爾蘭。在海水的侵襲下，大洪水以後的二〇〇年，人無法居住。
中國的傳統	伏羲與女媧、大禹共七位天神，或是季冰和他的妻子們	葫蘆、帆船	洪水與地震。「天柱折斷……，大地粉碎……，水噴出，充斥地上……，宇宙的構造完全遭到破壞……。」	水退，或是「水噴出，而『天上大樹幹』的裂縫由女神修復。」

出典	生存者	生存手段	大變異	救助
阿茲特克・特爾提卡特的記錄	克夫克夫與妻子、動物	用杉木建造的巨大木筏。	五十二年來，覆蓋地上的大洪水。	克夫克夫釋放出禿鷹和其他的鳥，搜索陸地。禿鷹發現死屍時，就沒有回來了。最後，蜂鳥銜著樹葉回來了，克夫克夫登陸魔山克爾瓦康。
特爾提卡的記錄	七位朋友和他們的妻子	巨大的箱子	吞沒一切的洪水覆蓋大地。水越過了最高的高山	洪水退去以後，生存者及其子孫徘徊了一〇四年。最後，落腳在墨西哥，為了防範將來的洪水，而建設高塔。
阿茲特克・特爾提卡・奇奇梅卡的記錄	克夫克夫及其妻子荷奇凱茲亞爾	中空的樹幹	洪水持續五十二年覆蓋大地。「山都沉到水下，人類全都被淹死或化為魚。」	聖鳥一直帶領他們到出現在水上的山上。

出典	生存者	生存手段	大變異	救助
馬雅的記錄	數個人	深洞穴	洪水、火與地震。「空中響起大聲響，不分晝夜，大雨滂沱而下，衆人爬上住家屋頂，但是家卻被水淹沒，連天空都掉下來……，陸地沉沒，瞬間大毀滅結束……。」	大變異結束以後，生存者從洞穴中爬出來。
南美奇布查族的傳說	波奇卡和他的妻子	乘坐駱駝逃到最高的山	洪水	洪水停止以後，波奇卡在大地挖開洞，排水。
北美夫隆族的傳說	印第安人諸部族的酋長及其妻子、家人、動物們	巨大的筏	持續數個月的世界性大洪水	這期間，筏上的動物拼命地在發牢騷，別人的話也聽不進去。因此，當木筏漂到出現的大地時，動物受到天罰，失去說話的能力。

出典	生存者	生存手段	大變異	救助
北美曼達爾族的傳說	奴莫克莫克巴	巨大獨木舟	洪水覆蓋了在「東邊」的奴莫克莫克巴	水退了以後，在「西」邊發現新的土地，因此奴莫克莫克巴就停留在那兒。這裡有別的人躲在隧道中，送出老鼠來觀看洪水是否退卻。
北美賀皮族傳說。現在的「第三世界」的毀滅	賀皮族的衆人	身體綁在擁有空洞樹幹的高樹上。	洪水。「水不斷流入地面，比山還高的波濤朝陸地侵襲過來。大陸裂開，沉在波濤下。」	洪水停了以後……新世界創造出來，若衆人不按照「造物主的吩咐」，照其創造計劃生存，則這新的「第四世界」也會一樣遭到滅亡。
北美的瓜拉尼族傳說	塔曼泰雷和他的妻子	巨大的椰子樹	大洪水。「椰子樹連根拔起，漂流在洪水上。留在谷間的人全都溺死。洪水的水面高達至天。」	塔曼泰雷聽到天上的鳥拍動翅膀的聲音。不久之後，洪水退去。

出典	生存者	生存手段	大變異	救助
南美的印加傳說	數人或只有一人	安地斯山	晝夜60天的洪水。駱駝悲傷地抬頭凝視天空，告訴飼主海會覆蓋大地。駱駝把飼主、人類、鳥獸一起帶到山頂上。	洪水結束以後，剩下的人、駱駝、野生動物等從安迪斯山下來，再居住在地上。
巴西的特斯卡洛拉的傳說	雙胞胎塔曼迪雷和亞里克提（因他們的爭執，而導致大洪水）及其妻子們	山頂的高樹	沉沒整個大地的大洪水	看到水退以後，雙胞胎的其中一人把果實交給妻子，丟到水中，看濺起水面的水花來測量高度。當她把果實丟下時，正好碰到乾燥的大地。於是，雙胞胎立刻從樹上下來，然後又開始爭吵了。
北極的愛斯基摩傳說	數個愛斯基摩人及其家族	許多獸皮船用繩子綁起來的大船	像冰一般的冷風與大洪水	魔術師把箭與耳飾丟到海中，大叫著「風啊！已經夠了」。於是洪水停止。水恢復了平靜，漸漸退卻。

出典	生存者	生存手段	大變異	救助
阿拉斯加的特林基特族傳說	特林基特族的族人	巨大的獨木舟	大洪水	特林基特族利用巨大的獨木舟划向海洋。但是，熊和狼等想要爬上船時，卻被打落水中。獨木舟被拋到山頂最高峯，而特林基特族則從山頂看著被巨流吞食的樹木、動物和人類。
夏威夷群島傳說	正義的男子努烏及其四個妻子和動物們	巨大的獨木舟	雨不斷地下著，水面上升，海陸結為一體，人類滅絕。	卡涅神將七色彩虹高掛於天空時，水退去。努烏一家人接受神的命令，再次使地上充滿人類。
印尼蘇門答臘地方帕塔克人傳說	最後存活的一對夫妻	最高的山頂	大洪水	創造王迪巴塔後悔自己的憤怒，而使洪水退卻時，水達到夫妻膝蓋的高度。

沉睡於聖山亞拉拉特山的方舟？

在亞拉拉特山上發現方舟?!

如前文所述，「洪水／方舟」傳說在世界上的確存在著，這傳承最具體、最實際的表現場所，當然是在聖經樂土中。

尤其在土耳其東方的亞拉拉特山，被視爲是〈創世紀〉所記載的「諾亞方舟漂流地亞拉拉特山」。昔日被視爲是聖山，深受聖經宗教信徒們的崇高敬意。

亞拉拉特山標高五六一五公尺，分爲大小二峰，是橫跨土耳其、伊朗、俄國等三個國家，爲亞美尼亞高原第一火山性高山，千年積雪，夏天也不會溶化，有數條冰河包圍。

實際上，周圍代表方舟意義的地名很多，例如：東南的都市那基切邦是「諾亞到達場所」之意，而在斜面或山腰，則有「馬塞爾＝毀滅日」，或是「亞賀拉＝諾亞的葡萄園」。伊朗方面，則有「提馬寧＝方舟八人」、「艾奇米亞金＝下去的人」、「艾雷邦＝最初出現地」等都市存在。

亞拉拉特山在當地的亞美尼亞人用意味著「馬希斯＝世界之母」的意義，來爲其命名。

這並不只是傳說，實際上，從遠古時代開始，一般人相信聖山上放置著真正的方舟，甚至在晴天時，還可以從遠方看得到。

遠在ＢＣ三世紀，巴比倫歷史家貝洛索斯對於當時已傳說化的諾亞方舟，有以下的叙述：

「當地的居民從方舟上削下松脂，當成驅魔的護身符……。」

十三世紀意大利著名的旅行家馬可·波羅的『東方見聞錄』中，也記載著「方舟在頂上被萬年積雪所覆蓋」。

對於方舟的信仰，尤其是在中世紀，絕對不容懷疑，否則就會視爲是冒瀆神明。甚至在當時絕對禁止登山時來到附近，而這時代一直持續到十九世紀爲止。

進入近代合理主義時代以後，這種禁忌終於消失了。帝俄時代，德洛帕特大學自然哲學教授夫里德希·帕洛特博士在一八二九年完成歷史上最初的登山壯舉。

這時，他在亞拉拉特山東北斜面的亞賀拉村的聖亞科布修道院，看到了從方舟所取下的木材所製造的聖像。遺憾的是，這修道院在一八四〇年，亞拉拉特山最後噴火時，整個村莊都被毀滅，而喪失了聖像與有關方舟的珍貴文獻。

但是，一八八三年夏天，全山搖動，發生火山性地震時，一部分的山崩落，露出像方舟的巨大木造船船身。前往視察地震災情的土耳其政府委員，親眼目睹了這項事實。

船身是塗成茶褐色，由黑色木材所建造的，一部分已經折斷。突出於冰河下方，高度爲十餘公尺，長度爲一〇〇公尺。委員會的成員進入內部，確認分爲三大區。前端埋在冰塊下，無法踏入。

委員們害怕冰河再崩落，因此不敢再進行調查而離開。不過，以船身的樣子來看，船似乎是從山腹隨著冰河一起滑落下來，這是全員的見解。

「終於發現了『諾亞方舟』！」

這消息立刻從土耳其傳遍了歐美，當時的新聞界和科學界的合理主義思想受到了打擊，一直冷笑，不願承認這事實，結果喪失了確認其真僞的機會。

但是，不論外界的看法如何，當地的居民大多相信亞拉拉特山是確實存在的。這信仰受到實際上登山，發現方舟的體驗者等這些許多的事實，強力地支持著。

其中一個就是出生於亞美尼亞的前土耳其陸軍士兵喬治·哈格皮安。他曾經被暫時拘留在革命後的俄羅斯，後來歸化爲美國人，而度過一生。

哈格皮安在一九七二年離開人世，但是在二年前，曾在馬利蘭州的自宅中，對「方舟調查財團」的專門研究家艾利爾·卡明格茲闡述以下的體驗談——。

親吻過聖船的男子的體驗談

哈格皮安在一九〇二年初次見到方舟，當時他十歲。由於他的祖父是土耳其邦州州都的亞美尼亞正教會牧師，因此從小開始，他就聽說過「聖山與聖船」的故事，而把有關方舟的故事清楚地刻劃在腦海中。

有一天早上，他的叔叔對他說：「我要帶你去看方舟。」叔叔把食物放在驢子身上，帶著喬治一起登上亞拉拉特山。從中段開始，道路險峻，驢子無法登山。於是，身材魁梧的叔叔揹著行李，扛著喬治，繼續登山。

到了第八天，終於在濃霧中，感覺似乎有巨大岩塊聳立在那兒一般，看起來好像建築物的牆壁。

「這就是『聖船方舟』，我幫你爬上去看看！」

喬治無法相信。眼前的物體看起來真的不像船。

「叔叔，這真的是船嗎？」

他撫摸著高聳的物體，說道：

「這是石頭，不是木頭嘛！」

「這是船，把手給我，我證明給你看。」

叔父把行李放在旁邊，牽著喬治，開始爬船旁邊的大圓石。然後，看到了一座石頭小山，於是把喬治扛在肩膀上，開始爬石山。

爬到頂端時，叔叔用雙手捉著喬治的拳頭往上推。

「伸出手臂抓緊，抓住一端往上爬……。」

就這樣爬上了船。這時，喬治挺起腰桿，看著整艘船。雖然在孩子眼中看來，所有的東西都是很龐大的，但是這艘船長至少三三〇公尺，寬二〇〇公尺，高度至少十三公尺以上。

「看看船裡面的情形吧！趕快找洞，從洞口往裡面看，說說你看到了甚麼東西。」

叔父從下面叫著。喬治又冷又害怕，身體顫抖地看著四週，的確有大洞。在那裡感覺有如在屋頂上一般，大洞附近還有五十個小洞。而且，沿著船的形狀，以一定的間隔排成一列。

「我好怕！在上面可以看到很黑的大洞，我不要到那裡去！」

「不要怕，裡面沒有人。很久以前，這裡就已經空著了。」

在叔叔的鼓勵下，喬治戰戰兢兢地看著洞內的情形。但是，裡面一片黑暗，甚麼都看不到。他蹲下來，親吻「聖船」，這時發覺船長了青苔，綠色的青苔覆蓋了整艘船。

撢開在上面薄薄的一層積雪，露出一部分的青苔，下面則出現具有樹木紋理的岩石

——不，應該說是石化的木材表面。因爲青苔的緣故，方舟讓人感覺是既柔軟而又生鏽的物體。

「爲甚麼小洞會排成一列呢？」

喬治詢問叔叔。

「那是空氣洞。以前，坐在這船上的人或動物，當然需要空氣。還有很特別的洞，那是諾亞放出鴿子的洞。」

「大家都到哪裡去了？」

「下船了，大家都走了。現在船上已經完全沒有人了。」

喬治從船上下來時，叔父取出獵槍，向船身發射子彈。但是，子彈卻無法貫穿船身，甚至沒有形成凹陷的痕跡，就落在地面。也就是說，方舟已經石化了。

要回家時，叔叔打算用狩獵用的刀從船表面削起薄片，因爲根據中世紀的傳說，將薄片磨成粉末，溶解於飲料中，能當成消毒藥來使用。但是，最後還是宣告失敗——。

下雪極少的「平穩年」

以上是哈格皮安最初的體驗，二年後的一九〇四年，他爲了找尋花而登上亞拉拉特山，再次地拜訪方舟。

方舟和以前的狀態完全相同，沒有任何的改變。這一次他並沒有爬上船去，只是仔細觀察側面。船身的位置是在寬約一千公尺以上，青綠色險峻的石棚上。雖然整體已經石化，但是表面留有樹木紋理，似乎沒有使用一根釘子。

看不到門窗。但是，他所看到的是前方的船腹和船頭的部分，無法接近相反側，所以正確的情形不得而知。

船形爲長方形的箱形物體，與普通的船完全不同，和平底的舢相類似。屋頂是平坦的，但是從船頭到船尾，則有狹窄的突起部，小洞全部打開著。

最後，就是方舟所在的地理位置，可能是在亞拉拉特山靠近俄羅斯側。東北斜面的亞賀拉峽谷附近，標高五千公尺處。哈格皮安生前被卡明格茲問及爲何叔叔要選這一年帶他去看方舟時，發生一段頗耐人尋味的話。

「可能是因爲這一年雪下得比較少吧！當地稱爲『平穩年』，據說只有二十年才會出現一次。」

實際上，根據很久以前一部分的研究家的主張，目擊方舟的機會會受到周邊冰河的溶解或移動，所帶來的溫暖天候周期性的影響。

攀登亞接拉拉特山達二十五次的英國方舟探險家先史學者艾加東·賽克斯長年的研究與體驗，了解到溫暖天候循環的周期，大約分爲七年短周期與二十年左右的長周期兩種。

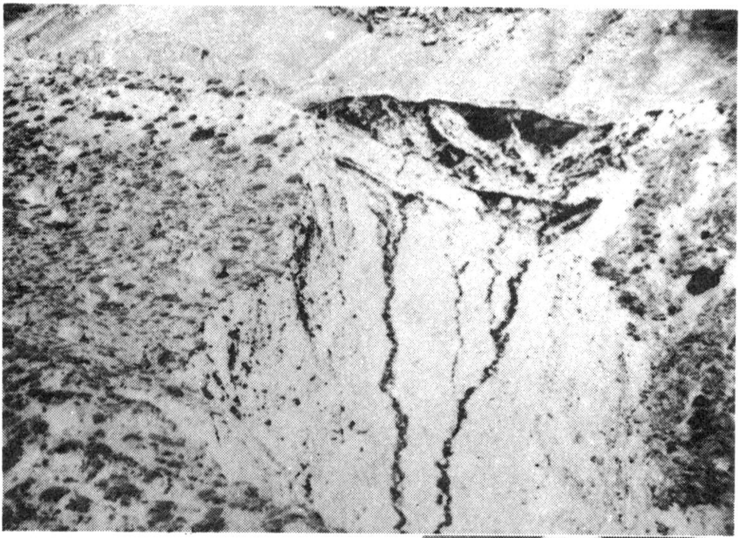

在亞賀拉峽谷下的亞賀拉冰河，哈格皮安在此目擊到方舟。

→生前擁有亞拉拉特山照片的哈格皮安。

↓畫家依照哈格皮安的證言所描繪的方舟。正如其名，是屬於箱形的船，難道現在依然埋藏在亞拉拉特山的冰河下嗎？

從北側看亞拉拉特山。前方是目擊方舟的集中地，亞賀拉峽谷的一部分。

帝俄時代領土內所看到的亞拉拉特山的光景，是描繪在17世紀銅版畫上的畫面。

從俄國看到的亞拉拉特山（18世紀所描繪的銅版畫）。左下方可以看到聖亞柯布修道院。這裡有從方舟取下的木材所建造的聖像。但是，在1840年，亞拉拉特山火山爆發，而隨著修道院一起埋没在地底。

的確，根據前述的土耳其地震調查委員會的報告，也讓人認爲哈格皮安的體驗和來自空中的方舟目擊談等，以年代來看，可能是歷史上最早的報告。接下來爲各位介紹的例子，也可能是起因於這周期性。

凍結的湖岸出現諾亞方舟

一九一六年，也就是第一次世界大戰最盛時期，打倒帝俄的俄國革命爆發前的這一年晚夏，俄國陸軍航空隊的飛行員烏拉吉米爾·洛斯克比基中尉，從亞拉拉特山東北部四十公里處的航空基地朝亞拉拉特山飛行。

中尉機的飛行任務是測試所搭載的新型燃料供應裝置，以及偵察敵國土耳其陸軍的動靜。

但是，——。

以下是最初發表中尉報告的美國雜誌的內容精選：

「……二度繞行大雪環繞的亞拉拉特山，以急速滑空飛行的方式降落南側。我們來到了又冷，又好像藍寶石一般，呈現湛藍色，然而背對著太陽的一面，卻已經凍結的湖上。

旋轉以後，爲了再度觀察湖面而飛回去時，突然我的副手（副駕駛）叫著，回頭看著我，興奮地指著湖面上滿滿的水！

那是甚麼?是潛水艇嗎?不，不是。有著既短又粗的桅杆，表面由圓屋頂所覆蓋。沿著船體的長邊，是寬1公尺半的側面通路。原來那是一艘船!

真是奇妙形狀的船哪!好像設計者已預料到波濤會籠罩在船上一般，在短短的桅杆上，張著面對波濤的帆，看起來有如整個圓木頭漂流在水面一般……。

我們一直下降到安全界限爲止，在其周圍繞行好幾次。漸漸接近時，發現它非常巨大。長度約有一條街那麼長，是現代戰艦無法比擬的巨大船。

四分之一隱藏在水面下，形成在湖岸擱淺的型態。船頭附近的一側已經部分解體，而相反側則有接近六公尺平方的巨大門口。但是，在其對稱位置卻沒有門口。以現代的船舶而言，這種不對稱的大門口，也很少會只有半個門口而已。

從空中俯看一切想要看的東西以後，我們好像要刷新記錄一般地趕緊飛回基地，向上尉隊長報告這些事情……。」

上尉似乎非常感動，命令洛斯克比基把自己載到那兒去。親眼觀察湖岸的怪船以後，對洛斯克比基做了以下的說明：

「的確是『諾亞方舟』，一年中有九個月到十個月都受到凍結，因此不會腐爛。到現在爲止，都一直被冷凍著……。」

上尉立刻把報告書送交俄羅斯政府。這報告當然引起當時的皇帝尼古拉二世的關心，於是在皇帝的勅命下，派遣二隊特別編組成的工兵部隊前來調查，並攀登亞拉拉特山。五十人一隊從一邊，而另外，一百人所組成的隊伍，則從另一邊攻擊。僅僅是要切穿山麓斷崖沿線的山道，就要花二週進行重勞動工作，所以到達方舟爲止，大約花了將近一個月的時間。

進行安全的測定，並畫出圖面，拍攝了許多照片，全都送到皇帝那兒。在雜誌報導中，對於船內的描述如下：

「……方舟內部分割出數百間小房間，一部分很巨大，天花板也很高。如此超乎巨大的房間，卻樹立著粗木製的柵欄，一部分的木材粗細約有六十公分，看起來好像是收容比大家還大十倍的野獸。」

其他房間則堆積了許多籠子，令人彷彿置身於家禽品評會一般。但是，前面不是用金絲網，而是用細鐵棒圍成。

每個地方都塗上類似天然樹脂的臘狀塗料。這船的建造技術在各方面，都顯示了高度的文明。整體所使用的木材是屬於杉木料，不容易腐敗。當然，加上幾乎大多的時間都受到冷凍的事實來考量，所以能保持完整的形態。

調查隊又在船上方的山頂發現從船身的一邊掉下來的木材殘骸。木材似乎被特別拖到山頂上，要建造小的神殿而使用的。不知道到底是遇到火燃燒或被落雷擊中，總之，木材完全燃燒碳化，屋頂也完全消失。

調查隊把所有的資料送交皇帝處數日後，帝國政府被推翻，由無神論者的急進共產主義者掌握政權。

「因此，記錄再也沒有被其他人看過，全都被否定一切宗教與聖經的真實性信仰的共產主義者所抹殺了。

後來，我們航空隊的白俄羅斯人經由亞美尼亞，逃離俄國……。」

以上就是刊載在雜誌上的洛斯克比基——中尉的體驗談。

美俄軍用機飛行員陸陸續續目擊到方舟

這令人震驚的體驗記的問題所在，就在於洛斯克比斯是假名。因此，不久以後，方舟研究家們以疑惑的眼光看待這件事。第二次世界大戰以後，由曾經在一九一六年當時亞拉拉特地區擔任連隊指揮官的亞歷山大，克爾上校進行調查，終於知道本名了。

這位流亡於美國的上校，在紐約發行，適合海外俄羅斯人閱讀的雜誌中所提出的報告，指出這位飛行員的本名是札波洛斯基中尉，而基地隊長則是克爾巴特夫上尉。使用假名，是因為當時的俄國政府採取激烈的反宗教政策，為了自身的安全，只好出此下策。

派遣參加方舟調查的陸軍鐵道工兵大隊的調查參加者與關係者，還有俄國皇帝身邊親

忽然出現成謎的「船形地形」。

流動的冰河。也許，方舟正沉睡於冰河的某處……。

↓洛斯克比基中尉目擊到方舟的湖所通過的高原。

↑若真能發現方舟，則這些冰河的裂縫應該是最有希望的。

近的人，都證實當時的確進行「方舟的發現與調查」。後來，在第二次世界大戰戰前與戰時，俄羅斯與美國軍用飛行員亞拉拉特山及其附近飛行時，也曾親眼目睹到類似方舟的物體，並拍攝許多照片。一部分刊載在「美軍雜誌」地中海版上。

但是，當時在戰時也有一定的限制，所以好不容易拍到的照片，幾乎都埋藏在黑暗中，也不能以此爲線索，進行追蹤調查，或確認位置。

第二次世界大戰結束以後，亞拉拉特山的方舟再次成爲話題，是在一九四八年。當時，伊斯坦堡的AP通訊社把一位名爲雷希特·沙里亨農夫的目擊談，電告全世界。

根據沙里亨的說法，這一年五月中旬在地震過後，他租給別人的菜園中，居然出現以往不曾出現的「船形地形」。

突然看到普通人家也有的屋簷部分突出的形狀，剩下的部分則隨著冰雪埋藏在地裡。船頭長年累月受到風吹雨打而發黑。他試著要用刀子削開，但是沒想到卻有如岩石一般堅硬，削都削不動。當時，這消息被視爲有如「再次出現的方舟目擊談」一般，爲人等閑視之。不久之後，就隨著時間的消失，而爲人所淡忘了。實際上，這些目擊事件還有和以往不同的地方，但是卻沒有受到他人的注意。

那就是發現方舟的地點不是在以往的亞拉拉特山中，而是在其南方距離三十公里遠的亞凱拉群山地區。這到底意味著甚麼呢？在神秘❸中，將爲各位探討。

諾亞方舟—神秘外星人❸

目前曝露於科學眼光中的方舟傳說

將方舟的木材破片進行科學分析!!

關於「方舟」的目擊報告，從古至今一直存在著。但是，真正開始搜查，證明其實際存在「證據」的科學探索或調查，卻是在第二次世界大戰以後才開始的。

談到證據，首先讓人想到的是方舟破片樣本，雖然聽說過許多從方舟上取下破片，帶回來的說法。但是，現在破片在甚麼地方，卻無人知曉。

前文曾談及，在亞拉拉特山腹的聖亞柯布修道院，曾經用方舟的木材製成聖像。但是，因為地震而被埋沒於地下，當然不可能回收了。

俄國亞美尼亞共和國的艾奇米亞金修道院，現在也保管著方舟的木材破片。但是，對於採取反宗教政策的無神論國家而言，當然不可能允許破片的科學分析，來實際證明聖經的真實性。

但是，到了一九五四年，終於利用方舟的木材破片進行科學分析機會到來了。那就是

在艾奇米亞金修道院收藏方舟石化木片的盒子。

法國的實業家斐南·納瓦拉幾經辛苦，終於從冰河下的方舟帶回木材破片，請數個國家的大學和研究所進行分析。

納瓦拉在四歲時掉入水池裡，被救起來的時候，曾從母親那兒聽說關於諾亞的故事，而深受方舟的吸引。好不容易事業獲得成功以後，他便投資，想要進行方舟實際存在的探險調查。

一九五二年，他和法國與土耳其的五位登山家得到土耳其政府的攀登許可以後，初次向亞拉拉特山挑戰。

亞拉拉特山在土耳其話中，是「痛苦山」，包括寒冷高山地特有的自然威力與反政府游擊隊的活動在內。實際上，充滿著各種危險。

但是，突破困難，攀登至亞賀拉狹谷附近，標高五〇〇〇公尺處時，納瓦拉一行人發現奇妙的東西。那就是俯看冰河下時，發現與船身輪廓非常類似的細長黑色巨大影子。斜照過來的陽光減少冰河的反射，增強透明度，使他們看見好幾根大樑。

納瓦拉等人來到冰河表面，步測影子長度爲一二〇〜一三〇公尺。他在自著『諾亞方舟發現記』中，是這麼敘述的：

「在如此高處的冰原下，到底有甚麼呢？任何文書或傳承都沒有記載此處有建築物、教會、山上小屋，這裡也沒有人發現有這樣的東西存在……。這的確就是『方舟』的殘骸，我不認爲是其他的東西。」

但是，這時他們因爲不斷受到落石的威脅，只好放棄更進一步的調查。

翌年，納瓦拉再度和土耳其的友人到達現場時，因爲罹患了高山病，幾乎沒有拍任何照片，就下山了。但是，納瓦拉的執著終於在第三次如願以償，遇到了方舟。

材質一致，年代又成新謎

一九五四年，他帶著妻子一起進入土耳其。真正的目的當然是爲了攀登亞拉拉特山，得到方舟決定性的證據。不過，名義上則是全家人一起觀光旅遊。根據以往的經驗，外國人不易取得登山許可，而他又顧慮到以採集標本爲理由，可能會遭到拒絕，所以才以此爲藉口。

也許是偶然吧！這一年是地球測地年，也就是世界冰河數十年周期達到最高溶解點的一年。對他而言，他實在非常幸運。

納瓦拉一家人開車到達亞拉拉特山西側的山腰，然後就紮營。納瓦拉和十一歲的么兒拉法耶爾二人扛著登山裝備出發了。他連續在山中度過四天四夜，嘗盡了暴風雪和雪崩的危險，就在晴天幸運地到達冰河。

冰河比以前出現更多的裂縫，在穴底有水的流動，顯示溶解的情形非常驚人。在一個裂縫底，納瓦拉看到了露出的船身一部分大樑。

他在拉法耶爾的幫助下，放下繩子，想要移動突出的木材。但是，可能因爲與船身內部的某部分相連，所以根本無法移動。

在不得已的情況下，只好沿著樹木紋理，在一公尺半的部分辛辛苦苦地割下一塊標本，帶回營區。他又把標本分成三分，各自塞在家人的行李中，因爲害怕這是違法的行爲，遭當局所沒收。

下山以後，立刻受到土耳其軍隊的盤查。不過，幸運的是警備兵認爲這只不過是露營用的木材，所以並未仔細檢查，就讓他們通過了。

很幸運地帶出國外的方舟破片，在埃及開羅博物館考古學部、埃及農務省、法國波爾德大學、西班牙馬德里大學、美國加州大學，以及賓州大學六處，利用放射性碳14法進行年代測定。

不知怎麼回事，結果完全不同。開羅博物館認爲是BC三〇〇〇～BC四〇〇〇年的物質，而埃及農務省則認爲是BC五〇〇〇年，波爾德大學和馬德里大學認爲是BC二〇

→1959年，土耳其空軍飛行員克爾提斯中尉從上空拍攝到的船形地形，很明顯地浮現出船形。

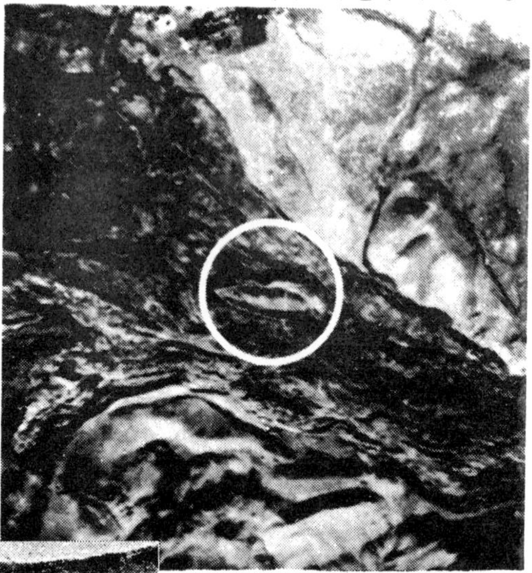

←從低空中拍攝到的船形地形，難道是埋沒於冰河中的方舟嗎？

↓慘遭橫死的格林所拍攝到的照片的素描。這是由看過照片的格林的朋友所描繪的。

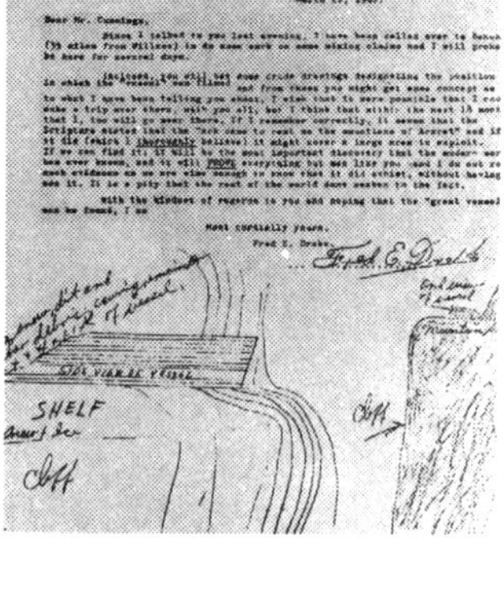

↗納瓦拉所帶回的方舟破片的一部分。由博物館和大學等6處進行年代測定，但是結果又產生了新的謎團。

←第3次挑戰中，把埋藏於亞拉拉特山冰河的方舟木材破片帶回來的斐南·納瓦拉。

↓納瓦拉採集木片的方舟附近親筆素描圖。

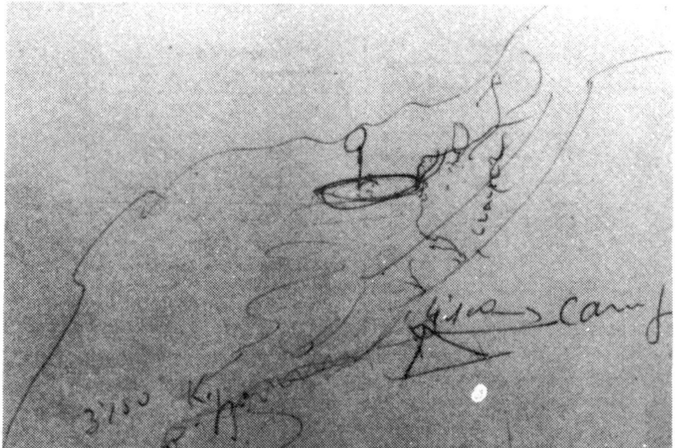

〇〇~BC三〇〇〇年，而加州大學認爲是一二五〇年前，賓州大學認爲是一四〇〇年前，甚至連紀元後的年代都出現了。

不過，材質卻是在古代造船時大多採用的橡木，這和學者的假設大致相同。

其中一位調查木材破片的學者，華盛頓大學物理學教授布連特·亞塔雷博士認爲：

「以發現地點的高度來看，不可能是漂流的船。可能是紀元前的赫梯人、巴比倫人、蘇美人所建造出來的神殿，被壓在冰河底下吧！」

對於方舟說提出否定的見解。

但是，另一方面，也了解到亞拉拉特山在半徑一〇〇〇公里以內，並沒有橡樹的存在。換言之，納瓦拉所帶回來的木材破片，是由某個生產橡樹的遙遠地方建造出來的船，由於大洪水、大波濤之力，被沖到亞拉拉特山來，這種說法應該較爲合理。

原本爲了解開方舟之謎，而帶回來的樣本，没想到不但没有解開謎團，反而又產生了新的謎團。

發現方舟背後隱藏的大陰謀神秘事件

飛機的出現使方舟的發現手段飛躍性地提昇。當然，航空照片也提高了發現方舟的機會。依情況的不同，甚至有可能用來當成證據。

儘管如此，第二次世界大戰時，美俄空軍飛行員拍攝許多「方舟」照片，如前文所述的，不知道甚麼緣故，卻一直未見天日。

現在，我並不打算深入探討這問題，總之，的確有人看到隱藏歷史背後的「大險謀」神秘。實際上，使方舟之謎變得更加神秘的照片神秘事件，在一九五二年發生，但是知道的人並不多。

這一年夏天，某家石油公司的直升機爲了探查資源，而盤旋於亞拉拉特山周圍。同乘的石油技師喬治·格林突然發現在冰下出現了船的巨大船頭狀物體。

這地方就是發生「方舟」目擊事件較多的東北側斜面。於是，他命令飛行員下降至距離物體三十公尺的附近，拍攝了一整卷的底片。

很快地顯像以後，發現夾雜在高斷崖與絕壁間的峽谷，在雪或冰河下出現了可以窺視到其一端的船形物體，照片上清楚地映著「形成船身層狀的板的連接點」。

格林回到美國以後，讓親朋好友看了這些照片，並籌措資金，打算組織方舟探險隊。

但是壯士未酬，他卻因公出差至英屬蓋亞那礦山公司時，在一九六二年爲人所殺。雖然疑係偷盜財物的强盜所爲，但是不知何故，重要的方舟照片卻不翼而飛。

以前述的「大陰謀」說來考慮，可能是有人不願見到方舟實際存在的照片公諸於世。因此，採用這種毀滅證據的强硬手段吧！

假定真是如此，那麼在一九五九年於亞拉拉特山附近，進行航空測量中，拍攝到方舟照片的土耳其空軍飛行員——A·克爾提斯中尉，則很慶幸能倖免於難。

從對地高度三〇〇〇公尺拍攝到的照片，發現好像從沉落到地底的船上，冒出了船緣一般的清楚地拍攝到長方形的「船形地形」。

場所是在亞拉拉特山南方約三十公里，叫著亞凱拉群山，海拔約二〇〇〇公尺的高地。相信聰明的讀者已經察覺到，事實上農夫雷希特·沙里亨的所有地內，忽然出現的方舟（參照神秘❷）也位於同一地點。

然而，當沙里亨提出報告時，別人卻不屑一顧。但是，這一次卻趕緊派遣測量技師們，花了二天的時間進行測定，發現船形地形的比例，長約一六〇公尺，中央部的寬度約五十公尺，船緣的高度約十五公尺。

這數字與〈創世記〉中所記載的方舟的尺寸大致相同。如果是方舟的話，那麼現在所看到的是在長年累月中，因爲地滑的土砂或火山噴火的火山灰等埋沒，而只有輪廓殘留在地表的狀態。

翌年，一九六〇年初夏，土耳其陸軍、空軍與美國的科學家、研究者共同組織了調查隊，再次到現場進行調查。粗魯的調查隊用軍用火藥爆破船形地形的一部分，想要找出方舟的證據。結果，卻沒有看到任何殘骸。因此，認爲這是由於地震活動的結果，地層船形隆起爲自然的產物——是幻想的方舟而已。

雖然後來有人主張爆破的痕跡中，有腐蝕的木材細片，但是真相仍然不明。這幻想的方舟再次展露在國際舞台上，則是在後文中所敘述二十五年以後的事了。

同是在一九六〇年的春天至夏天，許多的美國空軍飛行員親眼目睹到亞拉拉特山在俄國側（東北面）的船形構造物，使探險家與研究家再次把注意力集中在亞拉拉特山上。

這一年，由於美俄冷戰日趨明朗化，同時駐在土耳其的美國空軍，因國境監視的任務，而連日飛過亞拉拉特山的俄國側。

其中一位是第428戰術飛行中隊的格雷·卡休因格哈馬上尉（目擊當時爲少尉，現爲民航機械長）的證言，值得在方舟研究上大書特書。

他和二位同事一起在亞赫拉峽谷山嶇處發現被冰雪掩蓋的「巨大有蓋貨車，或是有如長方形平底船的黑色物體」。後來，經由其口述，由認識的畫家描繪出現場與物體的素描。這素描與基於幼小時，曾在地上目擊到方舟的喬治·哈格皮安（參照神秘❷）的證言所描繪出的素描，有異曲同工之妙。

素描描繪出來時，二個人的目擊經驗除了對研究家以外，並沒有對外發表。而且，雙方都不知道對方的存在，但是不只是方舟的形狀，甚至連發現地點與地形也完全一致。

這事實不僅互相證明了對方的證言是真實的，同時也證明了方舟是實際存在的。

確信方舟實際存在的共同點

在四分之一世紀中，方舟的探索一直集中在亞拉拉特山的東北面，直到一九八四年，突然幾乎被人所遺忘的「幻想方舟」，再次登場於大衆傳播。

數年前，調查「船形地形」的〈國際探險協會〉研究家群，在土耳其的首都安卡拉，對記者團發表了以下的談話：「這船形地形不是幻想。我們從現場採取到木片、土壤、岩石，作爲方舟的證據，將要帶回美國進行精密的科學分析。」會長馬溫·史蒂芬塞在包裹中的四公斤重「證據樣本」，卻因爲「禁止文化遺產攜出」，而在機場被沒收。

同時，土其耳文化觀光省對外的公開發表則是：「根據伊斯坦堡考古博物館的分析，只不過是普通的泥土和石頭，並不是歷史遺物。」這事件至此宣告落幕。

但是，同一團體的成員之一，擁有船長執照的迪威特·法索爾德，對於這種自然地形說，卻不表同意。他在翌年一九八五年三月，帶著最新型的「分子震動探測器」，又回去調查被大雪覆蓋的船形地形。

這機械和在醫院診察人體內部所使用的CT電腦斷層掃瞄裝置一樣，是基於相同的原理所使用的裝置，其結果是：

←1985年，美國調查隊利用分子振動儀器探查到複雜的現狀爲金屬。照片中的膠帶表示其位置。

←調查船形地形内部的調查隊。

↓將埋藏於船形地形的方舟予以復原，想像中會成爲這個樣子。

「這並不是自然地形，在地下埋藏著含有金屬的巨大船體——是不是船，只要我親眼見到，就能夠證實！」

他確信如此。長年來，利用聲納進行海上救助工作的他，憑著自信與直覺，做了這樣的斷言。

六月，法索爾德得到NASA（美國太空總署）的洛斯亞拉莫斯研究所的科學家，約翰·波姆加德納博士的支援，再次攜帶同樣的掃瞄儀器，進行船形地形的檢查。

這一次因爲沒有大雪覆蓋，所以作業進行得非常順利，發現到由多數金屬集中點所構成的一定間隔的九條橫線，以及與其交叉，看起來好像巨船船身構造線的十三條長線的存在。

此外，也了解到整體輪廓並不是箱形，好像龍骨的中央線，朝向偏北十度的亞拉拉特山延伸。根據探測團的推測，這金屬集中點可能暗示著固定牆壁或肋材的許多鐵釘，或是暗示著關動物的鐵籠上的鐵棒。

進入八月以後，外觀更容易看清楚，因此使用膠帶來表示交叉線，向東西延伸的線使用橘色膠帶，南北走向的線則使用黃色膠帶，使前來收集資料的報導群非常高興。

法索爾德更加確信這船形地形是「埋沒方舟」，爲了證明方舟的存在，因此決定調配「地下界面電達」來證明。

這是NASA所使用的最尖端科技裝置，前述的掃瞄只能探查到位置，這種裝置卻能深達地下十餘公尺，拍攝整個輪廓。但是，要攜出國外必須得到NASA的許可。同時，因爲在土耳其境內使用，所以要得到土耳其政府的許可。

兩當局提出許可申請，在等待許可的時候，卻發生了出乎意料之外的事態。這一年，爲了找尋在亞拉拉特山中的方舟，而來到土耳其的日本、德國、法國、美國的各登山隊。在這地方卻被持續獨立分離運動的庫爾德人與亞美尼亞人過激派的游擊隊們用槍追殺。土耳其政府立刻決定在事態完全靜止化以前的短暫期間內，禁止任何外國人出入亞拉拉特山及其周圍，致使法索爾德的調查只好中斷。

據說後來土耳其政府基於保護遺跡的觀點，凡是有關方舟調查的問題，，不論是發掘或樣本的蒐集等等，一律表現出禁止的意向。然而，一直希望借助地下界面雷達，展開真正調查，而暫時回到美國的法索爾德，認爲只要有這最尖端的科技裝置，就能確認藏在地下，没有被任何人接觸過的方舟是實際存在的。因此，一直保持樂觀的態度。

支持其論點的理由有數種，就是和方舟傳承的「不像巧合的許多共同點」，例如：

①〈創世記〉中，亞拉拉特山嚴格說起來，是「亞拉拉特群山」，指的不只是現在的亞拉拉特山。亞拉拉特是以亞美尼亞的古語「烏拉爾特」爲語源，原本是指亞美尼亞地方的意思。

②埋沒方舟的正確長度爲五一五呎；而〈創世記〉中，方舟的長度爲三〇〇庫比特，以聖經時代的庫比特單位長度（二〇·六吋）來換算，正確的長度爲五一五呎。

③〈創世記〉的「方舟」語源來自希伯來語，而翻譯爲希臘文版時，將「舟」誤翻爲「箱」，因此原本應該是前後尖的是舟型。

④描繪古代美索不達米亞方舟的描述中，有「分爲九段」的說法，而埋沒的方舟橫線（隔壁）也共有九條。

此外，法索爾德也做了以下的推論：

「最初，可能漂流到亞凱拉群山山頂附近，因爲地滑現象而被推擠到現在的位置，埋沒於土砂中，在地底由於硅化（石化）之賜，而能保持原形。

後來，因爲地震的作用，而漸漸上升。同時，周圍的地表受到風雪侵蝕，而使形狀清楚顯現出來。」

這埋沒方舟的正確座標爲北緯三九度二六分四秒／東經四四度十五分三秒。

在亞拉拉特山南方三十公里的亞凱拉群山內，海拔一八七〇公尺的地點，若沒有游擊隊的問題，只要從亞拉拉特山山腰最大的城鎮德巴亞吉特乘坐計程車，不論何人都能安全地接近。

難道正如法索爾德等人的期待，真正證明「方舟」實際存在的日子爲時不遠了嗎？

昔日地球曾被大洪水淹沒

深藏在地底的古代船殘骸嗎!!

亞凱拉群山的「船形地形」與亞赫拉峽谷的「方舟」，如果都是逃避大洪水災難的巨船，那麼至少在亞拉拉特山附近，就已經有二艘方舟漂流到這兒了。

基於世界上留下的「洪水/方舟」傳說，方舟與生存者所到達的高山如前文所述的就有五十座以上。實際上，如果真的出現世界性規模的大洪水災害，則不只是有一艘方舟，有很多方舟應該是合理的事情。

實際上，好像證明這些傳承似地，當時不認爲是方舟的謎樣巨船，在一些意想不到的場所被發現的實例，在歷史上也曾有數項記錄。

十六世紀意大利人文主義學家喬邦尼·龐塔諾曾叙述，一五〇三年侵襲拿波里的大地震，使山頂形成一個大裂縫，發現埋藏在土石深處的船殘骸。比當時的船更爲巨大，船身的木材已經石化，證明埋藏在地底已經數千年了。

一四六〇年，在距海遙遠的瑞士貝倫，礦山作業員在山下三十公尺的地底挖掘坑道時，挖出了巨大鐵製的錨，以及載有許多人骨，裝飾極多的木造船，這是著述家帕普奇斯塔·夫爾格札的記錄。類似事件在西班牙人征服中南美大陸以後，也報告出來了。在巴拿馬北部的金礦挖掘中，被迫進行挖掘工作的印第安人，從地底深處挖掘出古船殘骸。船的設計與船材上的美麗雕刻，都是西班牙人和印第安人所沒有見過的。

在秘魯卡亞歐近郊，一五四〇年進行銀礦脈搜索時，在某個山丘下筆直向下挖掘豎穴時，挖到了木造壁。挖開周圍的土砂，發現巨船化石的殘骸，與坑道斜交。與印加人在沿岸邊所使用的船，大小和設計完全不同。

二十世紀初期，阿拉斯加的淘金熱時代，在北極圈內的內陸，美國人、俄國人、愛斯基摩人等的礦工，在丘陵地帶高處發現全長一〇〇公尺的巨船殘骸。殘骸上發現原住民印第安人曾把鮭魚曬乾，來使用的痕跡。是非常古老的木造船，卻雕刻著從來沒有看過的裝飾和銘文，而銘文的文字卻與已知的任何文字都不相同。

這些可能是「方舟」的古船，在發現當時的時代，並沒有遺跡或遺物保存的想法，所以可能將之當成燃料或建材來使用。因此，很遺憾地並沒有保存下來。

但是，還是有用肉眼可以確認的物體的存在。雖然不是船，但是在法國阿爾卑斯山的香貝里附近的山中岩盤，固定著使用目的不明的巨大鐵製、銅製的環。根據村人的傳承，

照片中左端坐者坐著的地方，是船形地形附近的巨大石錨。

石錨的放大照片，表面所刻的十字清晰可見。在照片中無法數出，不過總計有八個。

當「大洪水」覆蓋陸地的時代，就是船所留下的痕跡。

此外，古代船用來當成裝備一部分的巨大三角形、四角形或淚滴形的石製錨，在一九七八年確認在亞拉拉特山附近，有這種石製錨二個。

二個都是在德巴卡吉特城鎮西南方約十一公里的低矮丘陵上的平原，高度三公尺，寬一公尺半，底部厚六十公分，上部開了圓洞，似乎是要用來掛鎖或穿繩。很久以前，當地居民發現時，表面就已經刻著與諾亞方舟乘客數一致的八個十字，而這些石錨位於埋沒方舟，假設方舟滑落下來的亞凱拉群山斜面的連結線上。若沒有方舟的存在，那麼爲甚麼遠從海洋到這裡的深山高地，出現古代船的石錨呢？沒有任何人能說明這一點。

預測地球大規模環境激變的數個證據

若不能假設包括大洪水在內的地球整體大激變，實在是很難以科學說明這一類的發現。這一類的發現在生物學、地質學、考古學等範圍非常多。

例如：爬蟲類學的權威艾德溫·科爾巴特（美國哥倫比亞大學）認爲，六五〇〇萬年前恐龍滅絕的原因，除了全世界規模的大災厄以外，不作他想。事實上，相信很多人知道，由於小行星衝撞而引起毀滅的說法，最近成爲非常有力的說法。

英國地質學家休·米勒和美國地質調查所的哈里·拉德等人指出，英國的泥盆紀層有數百億隻的古代魚突然壓迫而死，這些痕跡更肯定了大激變的存在。考古學家法蘭克·西奔（新墨西哥大學）在阿拉斯加一萬數千年前的地下泥層中，發現猛獁象、野牛、熊、狼、鬣狗、斑馬等，從寒帶到熱帶所有動物的屍體堆積在一起的原因，是由於全球性的大變動，尤其是大洪水所造成的。除此以外，不可能有其他的原因。

此外，哈洛爾·德克芬博士（美國密西根地球科學研究所）以爲現存於世界各地，厚達四公尺的煤層，是由四〇〇〇公尺的泥炭層壓縮形成的。但是，原料物質能夠達到如此的堆積，除了強大的洪水以外，是不可能有其他原因造成的。

同樣地，英國權威科學雜誌也報導，一九七七年，地中海附近龐大岩鹽沉澱層的存在，是由於遙遠過去毀滅環境激變，而急速形成的。除此以外，沒有其他理由。

此外，地球規模大激變比較近的地質年代的「證據」列舉如下——。

★西伯利亞的凍土地帶，約一萬一〇〇〇年前同時凍死的數十萬頭猛獁象被發現了。這其中還有正在吃著金鳳花而被凍死的屍體。

★在加拿大的尼加拉瓜瀑布和聖·安東尼瀑布，是在大約六五〇〇年前突然形成斷層而出現的。

★加拿大的羅倫斯盆地冰帽、澳洲馬蘭比吉河支流冰帽，大約在一萬一五〇〇年前，突然因氣溫上升而造成的。

★美國的威斯康辛冰帽，同樣是在二萬九〇〇〇年前突然形成的。
★北美的聖·羅倫斯河的河床，在大約六五〇〇年前突然上升，流域改變。
★歐洲阿爾卑斯山脈的巨大花崗岩移動到隔壁的茱拉山脈東側斜面的高地上。
★南極與格陵蘭（北極圈）的冰帽，是在大約六五〇〇年前突然形成的。
★在北極西伯利亞與阿拉斯加，發現數小時內就瞬間凍結的熱帶植物群。同樣，在南極海底也發現珊瑚礁遺物。
★地球磁場在以往出現數十次南北逆轉。
★國際地球觀測年（一九五八年）確認的海洋學資料中顯示，大約六五〇〇年前，全世界的海面突然上升六七公尺，後來漸漸下降到目前的高度爲止。

大洪水層的發現顯示大洪水的遺跡

這些證據顯示，在地質時代結束時，大約一萬一五〇〇年前與六五〇〇年前，地球產生大激變。耐人尋味的是一萬一五〇〇年前指的是舊石器時代，六五〇〇年前指的是新石器時代開始的時期。此外，據說日本繩文時代開始於距今一萬二〇〇〇年前。

這一萬二〇〇〇年前指的是最後冰河期結束，地球趨於溫暖化的年代，同時，也是衆所周知的傳說中，越帝國與亞特蘭提斯文明沉沒於海底，滅亡的年代。

此外，在世界最古老的蘇美文明遺跡中，發掘出的地層下方，於本世紀初期，也發現大約六五〇〇年前厚三公尺的大洪水層。學者視之爲古代美索不達米亞河川的局部洪水痕跡，是蘇美的「洪水/方舟」傳說的起源。不過，雖然顯示出同年代整個地球發生大激變，也可以說這洪水層是引起世界毀滅的「大洪水」的痕跡。

這種地球的大激變過去曾發生過好幾次，而古代人似乎也清楚認識到這一點。希臘哲學家柏拉圖、雅典的立法官索倫從埃及的神官處得知「亞特蘭提斯」滅亡史時，這也是著名的歷史。接著，這神官又對希臘人這麼說：

「以往是如此，而今後人類也會遇到數次毀滅的經驗……。到了那時候，你們人類必須重新再開始，對於以前的時代發生甚麼，完全不得而知……。雖然你們所記得的洪水只有一次，但是實際上卻重複出現好幾次。」

以往在地球上一再發生的大激變之事實，科學是如何說明的呢？

寫下「衝突宇宙」（一九五〇年）一書的美國醫學家、語言學家伊馬奴耶爾·威里科夫斯基認爲，我們的太陽系並不如天文學家所想的那麼穩定，會有不斷與其他天體衝突的危險。他認爲除了先前所列舉的地球大激變的各種證據，世界上的神話、傳說與古老記錄的記述以外，原本是彗星的物體，金星曾有二次，火星曾有一次從地球旁擦身而過，而使地軸搖晃，地殼脱落，地球遇到大災厄。

對於這種因外在要因，而造成大激變不定期發生說，地質學家查爾斯·哈普格德教授的假設（一九七〇年），則是較爲重視內在的要因。他認爲在地球地殼下的岩流圈（因爲高壓，而岩石層呈半固體的結晶層），其流動性與部分的輕量性，會不定期地造成引力平衡崩潰。在其上的地殼會不斷滑動，結果就會引起激烈的移動或地表的大變動。

電氣工學家湯瑪斯陳所提倡的大激變理論（一九七一年），則把內在要因與外在要因予以組合，主張會引起定期的大激變。他也認爲地殼的岩流圈的流動性是元凶。不同的是由於地球磁場之賜，因此可以隨時藉著MHD（磁氣流體力學的）能量，而保持固定性。同時，也認爲地球受到銀河磁場（各天體磁場的巨大複合體）的强烈影響。

他的理論是這銀河磁場以銀河系中心爲軸，描繪出N極S極互換的磁力模樣。這N與S交換的中間地帶，成爲無磁力狀態，可能是無數星間物質浮游的一種小行星帶。

太陽系繞著這銀河系中心旋轉，因此地球也在這軌道上。中途會定期進入無磁力帶，使MHD能量減弱，岩流圈變成流動體，而會引起地殼滑落或地表大混亂。

這時，無磁力地帶的小行星群不斷降落下來，地球會呈現聖經〈啓示錄〉中所出現的地獄光景，這是湯瑪斯的預告。究竟何種假設是正確的，在此姑且不提。

不過，相信各位已經了解到，地球不能再像以往一樣，過著安泰的時期，像諾亞大洪水的大激變，絕對不是虛構的說法，屆時人類該怎麼辦呢？

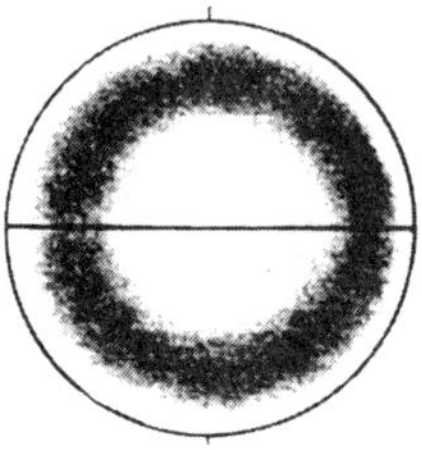

↑①上一次的大激變後所訂出的南北兩極與赤道。

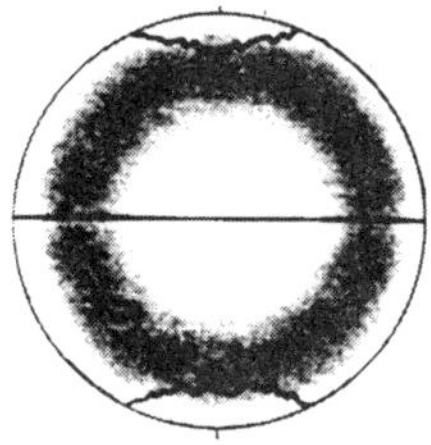

↑②兩極的冰帽逐漸形成

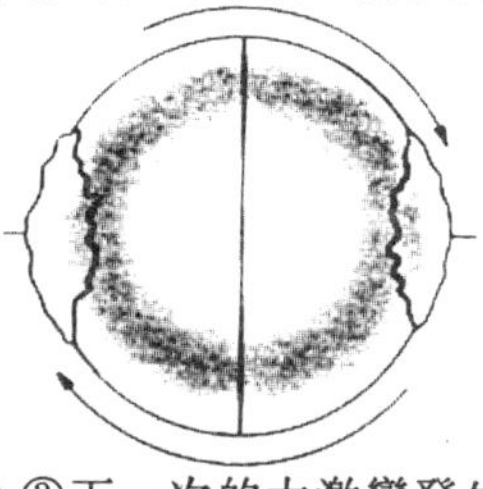

↑③下一次的大激變發生時，兩極與赤道會互換。

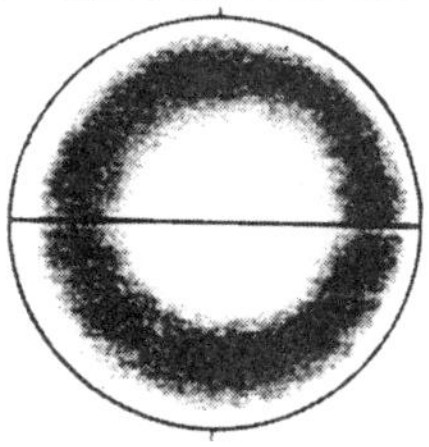

↑④重新訂出兩極與赤道，這種現象會重複出現。

↑由西伯利亞凍土地帶所挖掘到的猛獁象的幼象，經過1萬年以上，仍表現出沉睡的姿態。

↑採用銀河磁場理論，提倡大激變說的電氣工學家湯瑪斯陳。

←湯瑪斯圖解銀河磁場大激變說，如左圖所示。簡單而言，一旦 MHD 構造消失時，因冰帽的重疊，地殼會陸續移動。當然，這現象就會形成地球的大激變。

諾亞方舟—神秘外星人❺

諾亞方舟傳說中隱藏著外星人的影子

昔日地球存在著文明以前的文明

傳說「洪水/方舟」傳說的世界各民族，同時會傳承著「洪水以前的文明」，像亞特蘭提斯帝國或越帝國文明的傳說，是最大的一種。

即使不要直接談及「洪水以前的文明」，包括聖經在內，各種聖典或古文獻中，對於宇宙的知識、物質的構造、數學的概念、機械的原理、生物的組織、世界的地理等等，經常顯現出若不是基於高度科學，是不可能產生的深入洞察。

此外，總稱爲時代錯誤工藝品的高度技術各種產物，在古代與古代以前的地層、遺跡中發現的事實，可見人類在享受現代「文明」之前，就已經有文明的存在了。

如果只把問題鎖定在方舟傳說上來考察，——。

〈創世記〉的諾亞方舟幾乎都當成說給小孩聽的寓言故事。儘管如此，在許多要素中，卻反映出洗練的技術。

例如：神指示諾亞方舟的尺寸，長度、寬度、高度爲300×50×30庫比特，而以這比例所建造的船，是最接近理想的穩定性。

從長度與寬度，寬度與高度的比例來看，能減少縱搖，即使橫搖，傾斜九〇度也不會翻船。長度與高度爲六比一的比例，與現代的巨型郵船相同。容積相當於五七〇輛貨車的分量，這也與郵船相當。

如前文所述，「方舟」是由於希伯來語原典的誤譯所造成的。但是，箱形就可以表示其目的不是爲了航海，而是爲了長期漂流於波濤洶湧的海面而設計的。

此外，在故事中，也出現暗示方舟有電器或人工照明的話語，像「上面有明亮的窗户」這一句話，在聖經中出現了二十二次，並不全都意味著「窗户」，而當做「光輝、明亮、陽光」的意義來使用。

猶太人傳統學派學者大多認爲這窗户的定義是「光輝結晶所發出的光線」。此外，與聖經不同，從太古時代傳承下來的希伯來傳承，只有以下的敍述：

「這兒所說的發光體，是指諾亞在方舟內垂掛的巨大寶石或珍珠，藉著內部的一種力量，在大洪水退卻以前，能夠照亮方舟中的各個角落。」

的確，如果以普通的聖經來解釋，可以解釋爲「天窗」或「亮窗」，如果真是如此，則在大雨滂沱而下，波濤侵襲之下，這二層建築物的下層應該是黑暗的。若是有人工照明裝置，可以掛在各層的天花板上，就不必擔心雨或波濤的侵入了。

另外，奉神之命在「船內外塗抹」的松脂，也有人將之解釋爲瀝青，而希伯來文正確的意思就是瀝青。瀝青分爲天然與石油加工製品，如果當成用來塗抹船身，防水而使用的話，則必須是以化學方式精製的密封劑，所以需要發達的化學加工技術。

前述的研究家法索爾德將瀝青解釋成是水泥，因爲是從船形地形的土中發現，而其成分是錳塊、分解的長石與硅酸鈣、浮石等，都是水泥的成分。

他的主張認爲可能是在「埋沒方舟」聖經樂土的河川，當成船材使用的橡木製的巨船，而其構造體上覆蓋一層水泥，所以成爲一種「水泥船」。

總之，諾亞方舟傳說成立的ＢＣ數世紀的聖經時代，雖然這一類的技術已經失傳，但是仍然傳承著一些片斷的知識。

諾亞方舟眞實的部分為何？

以邏輯方式來看諾亞方舟的故事，很遺憾地沒有人能將之視爲事實。理由就是這故事的原型（洪水傳説）和數千年前的蘇美文明一樣，可能因爲起源太過古老，因此不可考。

故事本身又久缺邏輯＝整合性，就以方舟中所收容的動物的問題來探討，雖然方舟有如油船一般大，但是對於殘存至現代的生物種類而言，要收藏這些動物，容積似乎太小

↑諾亞如〈創世記〉所叙述的，建造3層建築的木造方舟的典型場面（根據16世紀的銅板畫）。

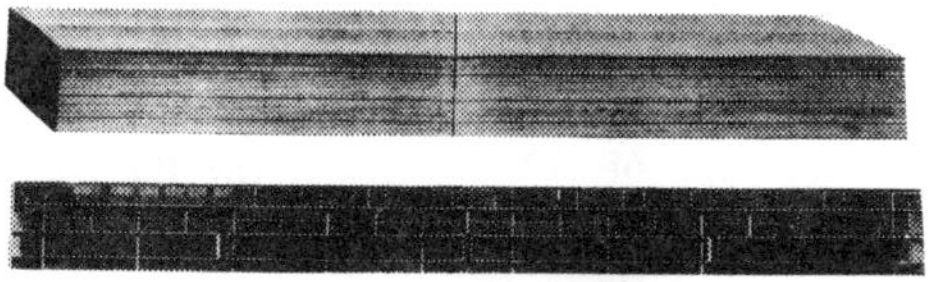

→18世紀所編纂的法國「聖經歷史事典」中，所刊載的諾亞方舟的外觀圖與剖面圖。

↓3張圖面爲各層的平面圖，呈現完整的箱形，讓人感到不可思議。

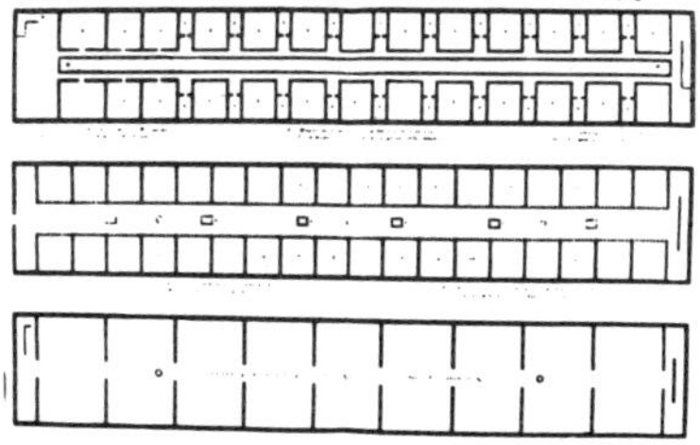

←迪威特·法索爾德在船形地形旁所發現的方舟的一部分嗎？他主張這遺物是殘留著船構造材料的水泥物質。

了。收藏手段是如何的呢?足以漂流一年的餌食量是多少呢?又如何照料呢?僅僅是想一想這些問題，就會覺得這些有關船的敘述是非現實的。

但是，這故事中所表現的事實到底是甚麼呢?在此，依序來考慮：

★如前文所述的，可能大洪水真的出現過——。

★因此，在此以前的「文明」滅亡——。

★當時，具有建造如方舟一般巨船的技術——。

★在世界各地，運氣好的人利用船或其他手段從大洪水中生存——。

★同樣地，運氣好的動物（包括魚類與昆蟲）在各地得以倖存。當然，植物也是如此。

以下則是一些有可能的事實：

★倖存的衆人中，可能出現如諾亞一般的國王或族長這一類的領導者——。

★他們利用當時的科學技術，預測大洪水（地球的大激變），而建造避難用的巨船——。

★他們讓自己的部族或部屬，必要的動物類（寵物，或是當成食料用的動物）坐在船上——。

★大洪水退卻時，他們可能漂流到亞拉拉特山或其附近——。

在此，最後留下的就是以某種意義而言，與整個故事關係最爲密切的重要要素，就是所謂的「神」。當然，聖經宗教中的神是一種觀念的存在，並非實際的存在。但是，宙斯德拉的洪水傳說卻有衆神存在，是現實的存在。宙斯德拉本身在粘土板文書的蘇美列王表中，發現「洪水前最後國王」的記載，將其視爲是實際存在的人物，並且把「衆神」在蘇美文明中所展現的行動，當成是實際的行動記錄下來。

方舟是飛翔於空中的太空船嗎?!

根據蘇美的傳說，蘇美人的祖先們有文明，是因爲「魚頭下方有人頭的魚人，每天出現在阿拉伯海（或紅海）傳授知識」所致。最初提出這傳說的「魚人」，具有「拜訪太古地球外星文明人的可能性」的說法的是，美國宇宙科學大老卡爾·賽根博士。

博士認爲「魚頭下有人頭的魚人」可能意味著戴著太空帽的太空服。

「神」指的是外星人嗎？

突然成爲宇宙考古學假設，這話題未免太過飛躍了吧！但是，在此方舟傳說的研究家或探險家們，完全忽略或忽視了近年所發現的一些不可解的內容的古代傳承。

法國的先史研究家强德·爾斯，從一九四五年於埃及所發掘出來的古代壺中，發現到出現克普特語的古文書。克普特語指的是古埃及的民衆語，現在當成克普特教徒（在埃及土族人的基督教）的祈禱文來使用。即使是古埃及直系一族克普特人也無法閱讀或書寫的語言。解讀後，發現這些古文書中，記載著類似諾亞方舟的民間傳承。

「……大洪水侵襲時，在完全世代的衆人陪伴下，國王找出天上散發光輝的雲當成避難的場所，一直停留在那兒，直到洪水從地上退去爲止。」

古埃及文明是僅次於蘇美，爲世界最大的文明，記錄上出現的年代爲BC三〇〇〇年。不過，其發祥卻一直包藏在歷史的黑暗中。現在，考古學家所了解的是，文明（包括象形文字或建築技術在內）從最初開始，就已經完全成熟。以後三〇〇〇年，不但沒有進步，反而出現退化的歷史。

前述的柏拉圖所記載的古代埃及神官的話，說明歷史上最初王朝之前的「洪水以前」，由「神王」統治，但是這時代最後卻遇到大洪水侵襲，世界告毀滅。

這神王最後的國王應該是克普特傳承的「王」，相當於蘇美的宙斯德拉或希伯來的諾亞（他也是國王）。那麼，克普特人的洪水傳承與諾亞方舟的故事起源是非常接近的。

那麼，敘述中出現「完全世代的衆人」，如果是「神」，也就是「外星人」，而「光輝的雲」可能就是「太空船」，則方舟應該不是浮在水面的船，而是飛翔於空中的太空船。實際上，根據語言學家的看法，方舟將其解釋爲「箱形船」。這是由於以希臘文或英文來翻譯，而發生了錯誤。原典希伯來文或巴比倫語所代表的意義，就是「巨大的船」。

敘述烏特納皮修提姆的故事中，說明「長、寬、高完全相同」，可能不是描寫形狀，而是記述內部構造吧！因此，研究家L·W·金格甚至提出「方舟應是圓形」的說法。

若真是「圖形」，而且會「發光」，那麼可能就是我們所想像的幽浮，也就是「大空船」的映像了。在此，也必須談及宇宙考古學範圍內的中東語言學家賽卡里亞·西欽所主張的「太古宇宙人基地」說。

根據西欽的說法，實際上蘇美的「衆神」是在太古的地球，開闢殖民地的外星人。在美索不達米亞地方與埃及地方，二次建設「宇宙基地」，結果都受到地球性規模的大洪水的破壞，因此只好朝宇宙撤退。這說法中，頗耐人尋味的就是二次建設的宇宙基地，當成太空船起飛降落的「地理基準點」來利用，而兩基地附近標高最高的山，就是亞拉拉特山。若這想法是正確的，諾亞方舟傳說中，認爲亞拉拉特山是解救人類的「救助山」，這意義的確非常明顯。因爲亞拉拉特山就是暗示方舟真正姿態爲太空船的關鍵字。

最後注意到的是，產生諾亞方舟故事地球大激變的下一周期期限，似乎迫在眉睫了。提倡大激變說的湯瑪斯的預測是，「快則在本世紀，慢則在五〇〇年以內會發生！」的確是令人感到很不舒服的預測。

到時候，是否有新的「方舟」來對我們的宇宙伸出援手呢？或是我們靠著自己英明智慧的力量，來使整個地球成爲「方舟」呢？不久的將來，就會出現答案了。

→傳授蘇美人高度文明的水神。傳說他是魚頭下方有人頭的「魚人」。

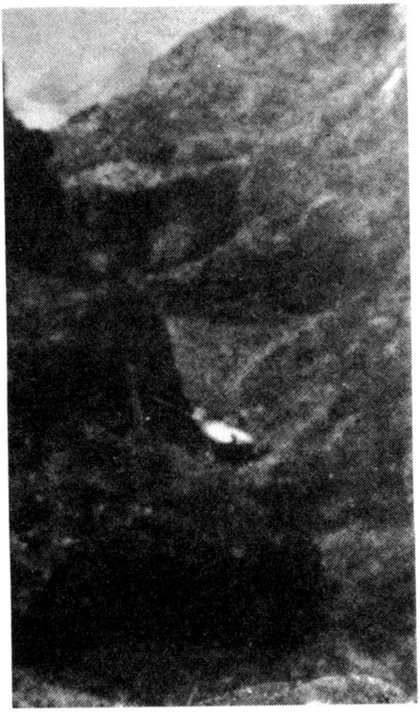

←美國方舟探險家迪威特·蒙奇梅里在1970年，用望遠鏡拍攝到亞拉拉特山一角所看到的類似方舟物體的照片。

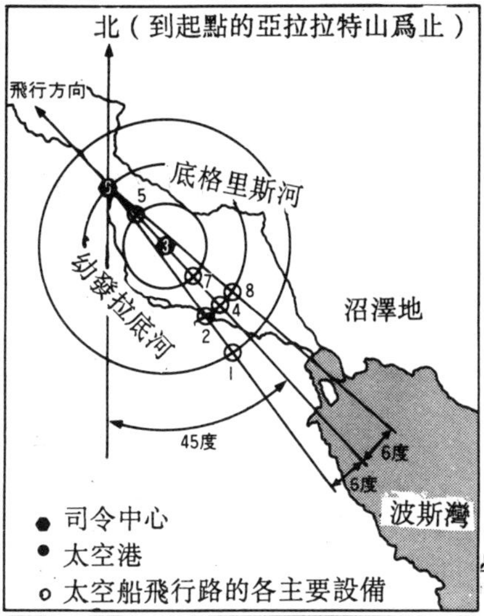

1 艾里德
2 拉爾沙
3 尼普爾
4 巴德
5 拉拉克
6 錫巴爾
7 修爾帕克
8 拉加修

↓提倡太古外星人基地說的語言學家賽卡里亞．西欽。

→根據西欽的說法，太古時代2次建設太空人基地。上面是最初的美索不達米亞地方，下面是埃及地方的基地船路圖。結果，全都遭大洪水破壞。若注意到視爲起點的亞拉拉特山，則可以了解到他的說法的確具有重要意義。

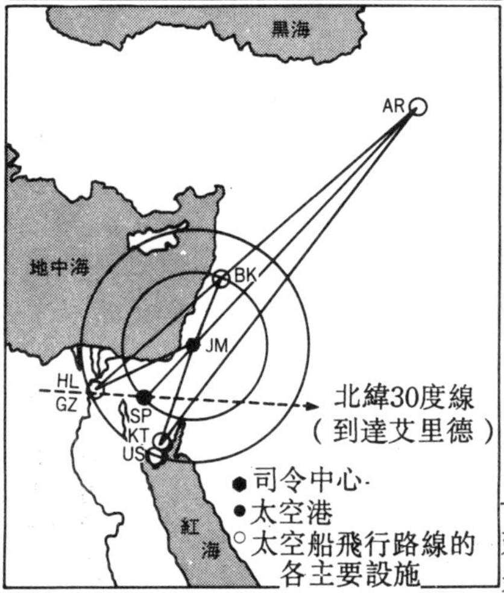

↑AR＝亞拉拉特山
HL＝海里歐波里斯
BK＝巴爾貝克　KT＝凱耶里尼山
SP＝太空港　GZ＝基賽
JM＝耶路撒冷　US＝烏姆·修馬爾山

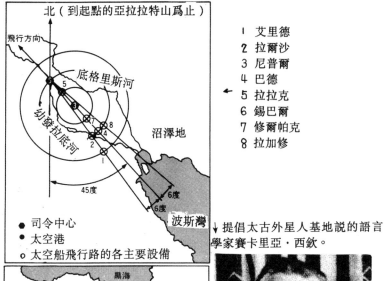

作者簡介　南山宏

1936年出生於東京，東京外國語大學畢業，曾任早川書房總編輯。現為 SF/超常現象作家、研究家、翻譯家、日本 SF 作家俱樂部會員、日本少年文藝作家俱樂部會員、英國聯合時報特別通信員。主要著作與譯作很多，『幽浮事典』、『來自宇宙的遺跡』、『美國政府隱藏外星人屍體』、『世界神奇故事』等，均與 OFO、神秘宇宙等有關。

大展出版社有限公司　圖書目錄

地址：台北市北投區11204
致遠一路二段12巷1號
郵撥：0166955～1
電話：(02) 8236031
8236033
傳真：(02) 8272069

• 法律專欄連載 • 電腦編號 58

台大法學院 法律學系／策劃
法律服務社／編著

①別讓您的權利睡著了[1] 200元
②別讓您的權利睡著了[2] 200元

• 秘傳占卜系列 • 電腦編號 14

①手相術 淺野八郎著 150元
②人相術 淺野八郎著 150元
③西洋占星術 淺野八郎著 150元
④中國神奇占卜 淺野八郎著 150元
⑤夢判斷 淺野八郎著 150元
⑥前世、來世占卜 淺野八郎著 150元
⑦法國式血型學 淺野八郎著 150元
⑧靈感、符咒學 淺野八郎著 150元
⑨紙牌占卜學 淺野八郎著 150元
⑩ＥＳＰ超能力占卜 淺野八郎著 150元
⑪猶太數的秘術 淺野八郎著 150元
⑫新心理測驗 淺野八郎著 160元

• 趣味心理講座 • 電腦編號 15

①性格測驗１ 探索男與女 淺野八郎著 140元
②性格測驗２ 透視人心奧秘 淺野八郎著 140元
③性格測驗３ 發現陌生的自己 淺野八郎著 140元
④性格測驗４ 發現你的真面目 淺野八郎著 140元
⑤性格測驗５ 讓你們吃驚 淺野八郎著 140元
⑥性格測驗６ 洞穿心理盲點 淺野八郎著 140元
⑦性格測驗７ 探索對方心理 淺野八郎著 140元
⑧性格測驗８ 由吃認識自己 淺野八郎著 140元
⑨性格測驗９ 戀愛知多少 淺野八郎著 140元

⑩性格測驗10　由裝扮瞭解人心		淺野八郎著	140元
⑪性格測驗11　敲開內心玄機		淺野八郎著	140元
⑫性格測驗12　透視你的未來		淺野八郎著	140元
⑬血型與你的一生		淺野八郎著	160元
⑭趣味推理遊戲		淺野八郎著	160元
⑮行爲語言解析		淺野八郎著	160元

・婦 幼 天 地・電腦編號 16

①八萬人減肥成果	黃靜香譯	180元
②三分鐘減肥體操	楊鴻儒譯	150元
③窈窕淑女美髮秘訣	柯素娥譯	130元
④使妳更迷人	成　玉譯	130元
⑤女性的更年期	官舒妍編譯	160元
⑥胎內育兒法	李玉瓊編譯	150元
⑦早產兒袋鼠式護理	唐岱蘭譯	200元
⑧初次懷孕與生產	婦幼天地編譯組	180元
⑨初次育兒12個月	婦幼天地編譯組	180元
⑩斷乳食與幼兒食	婦幼天地編譯組	180元
⑪培養幼兒能力與性向	婦幼天地編譯組	180元
⑫培養幼兒創造力的玩具與遊戲	婦幼天地編譯組	180元
⑬幼兒的症狀與疾病	婦幼天地編譯組	180元
⑭腿部苗條健美法	婦幼天地編譯組	150元
⑮女性腰痛別忽視	婦幼天地編譯組	150元
⑯舒展身心體操術	李玉瓊編譯	130元
⑰三分鐘臉部體操	趙薇妮著	160元
⑱生動的笑容表情術	趙薇妮著	160元
⑲心曠神怡減肥法	川津祐介著	130元
⑳內衣使妳更美麗	陳玄茹譯	130元
㉑瑜伽美姿美容	黃靜香編著	150元
㉒高雅女性裝扮學	陳珮玲譯	180元
㉓蠶糞肌膚美顏法	坂梨秀子著	160元
㉔認識妳的身體	李玉瓊譯	160元
㉕產後恢復苗條體態	居理安・芙萊喬著	200元
㉖正確護髮美容法	山崎伊久江著	180元
㉗安琪拉美姿養生學	安琪拉蘭斯博瑞著	180元
㉘女體性醫學剖析	增田豐著	220元
㉙懷孕與生產剖析	岡部綾子著	180元
㉚斷奶後的健康育兒	東城百合子著	220元
㉛引出孩子幹勁的責罵藝術	多湖輝著	170元
㉜培養孩子獨立的藝術	多湖輝著	170元

㉝子宮肌瘤與卵巢囊腫	陳秀琳編著	180元
㉞下半身減肥法	納他夏・史達賓著	180元
㉟女性自然美容法	吳雅菁編著	180元

・青 春 天 地・電腦編號 17

①A血型與星座	柯素娥編譯	120元
②B血型與星座	柯素娥編譯	120元
③O血型與星座	柯素娥編譯	120元
④AB血型與星座	柯素娥編譯	120元
⑤青春期性教室	呂貴嵐編譯	130元
⑥事半功倍讀書法	王毅希編譯	150元
⑦難解數學破題	宋釗宜編譯	130元
⑧速算解題技巧	宋釗宜編譯	130元
⑨小論文寫作秘訣	林顯茂編譯	120元
⑪中學生野外遊戲	熊谷康編著	120元
⑫恐怖極短篇	柯素娥編譯	130元
⑬恐怖夜話	小毛驢編譯	130元
⑭恐怖幽默短篇	小毛驢編譯	120元
⑮黑色幽默短篇	小毛驢編譯	120元
⑯靈異怪談	小毛驢編譯	130元
⑰錯覺遊戲	小毛驢編譯	130元
⑱整人遊戲	小毛驢編著	150元
⑲有趣的超常識	柯素娥編譯	130元
⑳哦！原來如此	林慶旺編譯	130元
㉑趣味競賽100種	劉名揚編譯	120元
㉒數學謎題入門	宋釗宜編譯	150元
㉓數學謎題解析	宋釗宜編譯	150元
㉔透視男女心理	林慶旺編譯	120元
㉕少女情懷的自白	李桂蘭編譯	120元
㉖由兄弟姊妹看命運	李玉瓊編譯	130元
㉗趣味的科學魔術	林慶旺編譯	150元
㉘趣味的心理實驗室	李燕玲編譯	150元
㉙愛與性心理測驗	小毛驢編譯	130元
㉚刑案推理解謎	小毛驢編譯	130元
㉛偵探常識推理	小毛驢編譯	130元
㉜偵探常識解謎	小毛驢編譯	130元
㉝偵探推理遊戲	小毛驢編譯	130元
㉞趣味的超魔術	廖玉山編著	150元
㉟趣味的珍奇發明	柯素娥編著	150元
㊱登山用具與技巧	陳瑞菊編著	150元

・健 康 天 地・電腦編號18

①壓力的預防與治療	柯素娥編譯	130元
②超科學氣的魔力	柯素娥編譯	130元
③尿療法治病的神奇	中尾良一著	130元
④鐵證如山的尿療法奇蹟	廖玉山譯	120元
⑤一日斷食健康法	葉慈容編譯	150元
⑥胃部強健法	陳炳崑譯	120元
⑦癌症早期檢查法	廖松濤譯	160元
⑧老人痴呆症防止法	柯素娥編譯	130元
⑨松葉汁健康飲料	陳麗芬編譯	130元
⑩揉肚臍健康法	永井秋夫著	150元
⑪過勞死、猝死的預防	卓秀貞編譯	130元
⑫高血壓治療與飲食	藤山順豐著	150元
⑬老人看護指南	柯素娥編譯	150元
⑭美容外科淺談	楊啟宏著	150元
⑮美容外科新境界	楊啟宏著	150元
⑯鹽是天然的醫生	西英司郎著	140元
⑰年輕十歲不是夢	梁瑞麟譯	200元
⑱茶料理治百病	桑野和民著	180元
⑲綠茶治病寶典	桑野和民著	150元
⑳杜仲茶養顏減肥法	西田博著	150元
㉑蜂膠驚人療效	瀨長良三郎著	150元
㉒蜂膠治百病	瀨長良三郎著	180元
㉓醫藥與生活	鄭炳全著	180元
㉔鈣長生寶典	落合敏著	180元
㉕大蒜長生寶典	木下繁太郎著	160元
㉖居家自我健康檢查	石川恭三著	160元
㉗永恒的健康人生	李秀鈴譯	200元
㉘大豆卵磷脂長生寶典	劉雪卿譯	150元
㉙芳香療法	梁艾琳譯	160元
㉚醋長生寶典	柯素娥譯	180元
㉛從星座透視健康	席拉・吉蒂斯著	180元
㉜愉悅自在保健學	野本二士夫著	160元
㉝裸睡健康法	丸山淳士等著	160元
㉞糖尿病預防與治療	藤田順豐著	180元
㉟維他命長生寶典	菅原明子著	180元
㊱維他命C新效果	鐘文訓編	150元
㊲手、腳病理按摩	堤芳郎著	160元
㊳AIDS瞭解與預防	彼得塔歇爾著	180元

㊴甲殼質殼聚糖健康法	沈永嘉譯	160元
㊵神經痛預防與治療	木下眞男著	160元
㊶室內身體鍛鍊法	陳炳崑編著	160元
㊷吃出健康藥膳	劉大器編著	180元
㊸自我指壓術	蘇燕謀編著	160元
㊹紅蘿蔔汁斷食療法	李玉瓊編著	150元
㊺洗心術健康秘法	竺翠萍編譯	170元
㊻枇杷葉健康療法	柯素娥編譯	180元
㊼抗衰血癒	楊啟宏著	180元
㊽與癌搏鬥記	逸見政孝著	180元
㊾冬蟲夏草長生寶典	高橋義博著	170元
㊿痔瘡・大腸疾病先端療法	宮島伸宜著	180元
51膠布治癒頑固慢性病	加瀨建造著	180元
52芝麻神奇健康法	小林貞作著	170元
53香煙能防止癡呆？	高田明和著	180元
54穀菜食治癌療法	佐藤成志著	180元

・實用女性學講座・電腦編號 19

①解讀女性內心世界	島田一男著	150元
②塑造成熟的女性	島田一男著	150元
③女性整體裝扮學	黃靜香編著	180元
④女性應對禮儀	黃靜香編著	180元

・校園系列・電腦編號 20

①讀書集中術	多湖輝著	150元
②應考的訣竅	多湖輝著	150元
③輕鬆讀書贏得聯考	多湖輝著	150元
④讀書記憶秘訣	多湖輝著	150元
⑤視力恢復！超速讀術	江錦雲譯	180元
⑥讀書36計	黃柏松編著	180元
⑦驚人的速讀術	鐘文訓編著	170元

・實用心理學講座・電腦編號 21

①拆穿欺騙伎倆	多湖輝著	140元
②創造好構想	多湖輝著	140元
③面對面心理術	多湖輝著	160元
④僞裝心理術	多湖輝著	140元
⑤透視人性弱點	多湖輝著	140元

⑥自我表現術	多湖輝著	150元
⑦不可思議的人性心理	多湖輝著	150元
⑧催眠術入門	多湖輝著	150元
⑨責罵部屬的藝術	多湖輝著	150元
⑩精神力	多湖輝著	150元
⑪厚黑說服術	多湖輝著	150元
⑫集中力	多湖輝著	150元
⑬構想力	多湖輝著	150元
⑭深層心理術	多湖輝著	160元
⑮深層語言術	多湖輝著	160元
⑯深層說服術	多湖輝著	180元
⑰掌握潛在心理	多湖輝著	160元
⑱洞悉心理陷阱	多湖輝著	180元
⑲解讀金錢心理	多湖輝著	180元
⑳拆穿語言圈套	多湖輝著	180元
㉑語言的心理戰	多湖輝著	180元

・超現實心理講座・電腦編號 22

①超意識覺醒法	詹蔚芬編譯	130元
②護摩秘法與人生	劉名揚編譯	130元
③秘法！超級仙術入門	陸　明譯	150元
④給地球人的訊息	柯素娥編著	150元
⑤密教的神通力	劉名揚編著	130元
⑥神秘奇妙的世界	平川陽一著	180元
⑦地球文明的超革命	吳秋嬌譯	200元
⑧力量石的秘密	吳秋嬌譯	180元
⑨超能力的靈異世界	馬小莉譯	200元
⑩逃離地球毀滅的命運	吳秋嬌譯	200元
⑪宇宙與地球終結之謎	南山宏著	200元
⑫驚世奇功揭秘	傅起鳳著	200元
⑬啟發身心潛力心象訓練法	栗田昌裕著	180元
⑭仙道術遁甲法	高藤聰一郎著	220元
⑮神通力的秘密	中岡俊哉著	180元

・養生保健・電腦編號 23

①醫療養生氣功	黃孝寬著	250元
②中國氣功圖譜	余功保著	230元
③少林醫療氣功精粹	井玉蘭著	250元
④龍形實用氣功	吳大才等著	220元

⑤魚戲增視強身氣功	宮　嬰著	220元
⑥嚴新氣功	前新培金著	250元
⑦道家玄牝氣功	張　章著	200元
⑧仙家秘傳袪病功	李遠國著	160元
⑨少林十大健身功	秦慶豐著	180元
⑩中國自控氣功	張明武著	250元
⑪醫療防癌氣功	黃孝寬著	250元
⑫醫療強身氣功	黃孝寬著	250元
⑬醫療點穴氣功	黃孝寬著	250元
⑭中國八卦如意功	趙維漢著	180元
⑮正宗馬禮堂養氣功	馬禮堂著	420元
⑯秘傳道家筋經內丹功	王慶餘著	280元
⑰三元開慧功	辛桂林著	250元
⑱防癌治癌新氣功	郭　林著	180元
⑲禪定與佛家氣功修煉	劉天君著	200元
⑳顛倒之術	梅自強著	元
㉑簡明氣功辭典	吳家駿編	元

•社會人智囊•電腦編號 24

①糾紛談判術	清水增三著	160元
②創造關鍵術	淺野八郎著	150元
③觀人術	淺野八郎著	180元
④應急詭辯術	廖英迪編著	160元
⑤天才家學習術	木原武一著	160元
⑥猫型狗式鑑人術	淺野八郎著	180元
⑦逆轉運掌握術	淺野八郎著	180元
⑧人際圓融術	澀谷昌三著	160元
⑨解讀人心術	淺野八郎著	180元
⑩與上司水乳交融術	秋元隆司著	180元
⑪男女心態定律	小田晉著	180元
⑫幽默說話術	林振輝編著	200元
⑬人能信賴幾分	淺野八郎著	180元
⑭我一定能成功	李玉瓊譯	元
⑮獻給青年的嘉言	陳蒼杰譯	元
⑯知人、知面、知其心	林振輝編著	元

•精選系列•電腦編號 25

①毛澤東與鄧小平	渡邊利夫等著	280元
②中國大崩裂	江戶介雄著	180元

③台灣・亞洲奇蹟　上村幸治著　220元
④7-ELEVEN高盈收策略　國友隆一著　180元
⑤台灣獨立　森　詠著　200元
⑥迷失中國的末路　江戶雄介著　220元
⑦2000年5月全世界毀滅　紫藤甲子男著　180元

・運動遊戲・電腦編號26

①雙人運動　李玉瓊譯　160元
②愉快的跳繩運動　廖玉山譯　180元
③運動會項目精選　王佑京譯　150元
④肋木運動　廖玉山譯　150元
⑤測力運動　王佑宗譯　150元

・銀髮族智慧學・電腦編號28

①銀髮六十樂逍遙　多湖輝著　170元
②人生六十反年輕　多湖輝著　170元
③六十歲的決斷　多湖輝著　170元

・心靈雅集・電腦編號00

①禪言佛語看人生　松濤弘道著　180元
②禪密教的奧秘　葉逯謙譯　120元
③觀音大法力　田口日勝著　120元
④觀音法力的大功德　田口日勝著　120元
⑤達摩禪106智慧　劉華亭編譯　150元
⑥有趣的佛教研究　葉逯謙編譯　120元
⑦夢的開運法　蕭京凌譯　130元
⑧禪學智慧　柯素娥編譯　130元
⑨女性佛教入門　許俐萍譯　110元
⑩佛像小百科　心靈雅集編譯組　130元
⑪佛教小百科趣談　心靈雅集編譯組　120元
⑫佛教小百科漫談　心靈雅集編譯組　150元
⑬佛教知識小百科　心靈雅集編譯組　150元
⑭佛學名言智慧　松濤弘道著　220元
⑮釋迦名言智慧　松濤弘道著　220元
⑯活人禪　平田精耕著　120元
⑰坐禪入門　柯素娥編譯　150元
⑱現代禪悟　柯素娥編譯　130元
⑲道元禪師語錄　心靈雅集編譯組　130元

⑳佛學經典指南	心靈雅集編譯組	130元
㉑何謂「生」　阿含經	心靈雅集編譯組	150元
㉒一切皆空　般若心經	心靈雅集編譯組	150元
㉓超越迷惘　法句經	心靈雅集編譯組	130元
㉔開拓宇宙觀　華嚴經	心靈雅集編譯組	130元
㉕真實之道　法華經	心靈雅集編譯組	130元
㉖自由自在　涅槃經	心靈雅集編譯組	130元
㉗沈默的教示　維摩經	心靈雅集編譯組	150元
㉘開通心眼　佛語佛戒	心靈雅集編譯組	130元
㉙揭秘寶庫　密教經典	心靈雅集編譯組	130元
㉚坐禪與養生	廖松濤譯	110元
㉛釋尊十戒	柯素娥編譯	120元
㉜佛法與神通	劉欣如編著	120元
㉝悟（正法眼藏的世界）	柯素娥編譯	120元
㉞只管打坐	劉欣如編著	120元
㉟喬答摩・佛陀傳	劉欣如編著	120元
㊱唐玄奘留學記	劉欣如編著	120元
㊲佛教的人生觀	劉欣如編譯	110元
㊳無門關（上卷）	心靈雅集編譯組	150元
㊴無門關（下卷）	心靈雅集編譯組	150元
㊵業的思想	劉欣如編著	130元
㊶佛法難學嗎	劉欣如著	140元
㊷佛法實用嗎	劉欣如著	140元
㊸佛法殊勝嗎	劉欣如著	140元
㊹因果報應法則	李常傳編	140元
㊺佛教醫學的奧秘	劉欣如編著	150元
㊻紅塵絕唱	海　若著	130元
㊼佛教生活風情	洪丕謨、姜玉珍著	220元
㊽行住坐臥有佛法	劉欣如著	160元
㊾起心動念是佛法	劉欣如著	160元
㊿四字禪語	曹洞宗青年會	200元
51妙法蓮華經	劉欣如編著	160元
52根本佛教與大乘佛教	葉作森編	180元

・經 營 管 理・電腦編號 01

◎創新經營管理六十六大計（精）	蔡弘文編	780元
①如何獲取生意情報	蘇燕謀譯	110元
②經濟常識問答	蘇燕謀譯	130元
④台灣商戰風雲錄	陳中雄著	120元
⑤推銷大王秘錄	原一平著	180元

⑥新創意・賺大錢	王家成譯	90元
⑦工廠管理新手法	琪　輝著	120元
⑨經營參謀	柯順隆譯	120元
⑩美國實業24小時	柯順隆譯	80元
⑪撼動人心的推銷法	原一平著	150元
⑫高竿經營法	蔡弘文編	120元
⑬如何掌握顧客	柯順隆譯	150元
⑭一等一賺錢策略	蔡弘文編	120元
⑯成功經營妙方	鐘文訓著	120元
⑰一流的管理	蔡弘文編	150元
⑱外國人看中韓經濟	劉華亭譯	150元
⑳突破商場人際學	林振輝編著	90元
㉑無中生有術	琪輝編著	140元
㉒如何使女人打開錢包	林振輝編著	100元
㉓操縱上司術	邑井操著	90元
㉔小公司經營策略	王嘉誠著	160元
㉕成功的會議技巧	鐘文訓編譯	100元
㉖新時代老闆學	黃柏松編著	100元
㉗如何創造商場智囊團	林振輝編譯	150元
㉘十分鐘推銷術	林振輝編譯	180元
㉙五分鐘育才	黃柏松編譯	100元
㉚成功商場戰術	陸明編譯	100元
㉛商場談話技巧	劉華亭編譯	120元
㉜企業帝王學	鐘文訓譯	90元
㉝自我經濟學	廖松濤編譯	100元
㉞一流的經營	陶田生編著	120元
㉟女性職員管理術	王昭國編譯	120元
㊱ＩＢＭ的人事管理	鐘文訓編譯	150元
㊲現代電腦常識	王昭國編譯	150元
㊳電腦管理的危機	鐘文訓編譯	120元
㊴如何發揮廣告效果	王昭國編譯	150元
㊵最新管理技巧	王昭國編譯	150元
㊶一流推銷術	廖松濤編譯	150元
㊷包裝與促銷技巧	王昭國編譯	130元
㊸企業王國指揮塔	松下幸之助著	120元
㊹企業精銳兵團	松下幸之助著	120元
㊺企業人事管理	松下幸之助著	100元
㊻華僑經商致富術	廖松濤編譯	130元
㊼豐田式銷售技巧	廖松濤編譯	180元
㊽如何掌握銷售技巧	王昭國編著	130元
㊿洞燭機先的經營	鐘文訓編譯	150元

㊾新世紀的服務業	鐘文訓編譯	100元
㊿成功的領導者	廖松濤編譯	120元
⑭女推銷員成功術	李玉瓊編譯	130元
⑮ＩＢＭ人才培育術	鐘文訓編譯	100元
⑯企業人自我突破法	黃琪輝編著	150元
⑱財富開發術	蔡弘文編著	130元
⑲成功的店舖設計	鐘文訓編著	150元
㉑企管回春法	蔡弘文編著	130元
㉒小企業經營指南	鐘文訓編譯	100元
㉓商場致勝名言	鐘文訓編譯	150元
㉔迎接商業新時代	廖松濤編譯	100元
㉖新手股票投資入門	何朝乾　編	180元
㉗上揚股與下跌股	何朝乾編譯	180元
㉘股票速成學	何朝乾編譯	200元
㉙理財與股票投資策略	黃俊豪編著	180元
㉚黃金投資策略	黃俊豪編著	180元
㉛厚黑管理學	廖松濤編譯	180元
㉜股市致勝格言	呂梅莎編譯	180元
㉝透視西武集團	林谷燁編譯	150元
㉞巡迴行銷術	陳蒼杰譯	150元
㉟推銷的魔術	王嘉誠譯	120元
㊳60秒指導部屬	周蓮芬編譯	150元
㊴精銳女推銷員特訓	李玉瓊編譯	130元
㊵企劃、提案、報告圖表的技巧	鄭　汶　譯	180元
㊶海外不動產投資	許達守編譯	150元
㊷八百件的世界策略	李玉瓊譯	150元
㊸服務業品質管理	吳宜芬譯	180元
㊹零庫存銷售	黃東謙編譯	150元
㊺三分鐘推銷管理	劉名揚編譯	150元
㊻推銷大王奮鬥史	原一平著	150元
㊼豐田汽車的生產管理	林谷燁編譯	150元

•成功寶庫•電腦編號02

①上班族交際術	江森滋著	100元
②拍馬屁訣竅	廖玉山編譯	110元
④聽話的藝術	歐陽輝編譯	110元
⑨求職轉業成功術	陳　義編著	110元
⑩上班族禮儀	廖玉山編著	120元
⑪接近心理學	李玉瓊編著	100元
⑫創造自信的新人生	廖松濤編著	120元

⑭上班族如何出人頭地	廖松濤編著	100元
⑮神奇瞬間瞑想法	廖松濤編譯	100元
⑯人生成功之鑰	楊意苓編著	150元
⑲給企業人的諍言	鐘文訓編著	120元
⑳企業家自律訓練法	陳　義編譯	100元
㉑上班族妖怪學	廖松濤編著	100元
㉒猶太人縱橫世界的奇蹟	孟佑政編著	110元
㉓訪問推銷術	黃靜香編著	130元
㉕你是上班族中強者	嚴思圖編著	100元
㉖向失敗挑戰	黃靜香編著	100元
㉙機智應對術	李玉瓊編著	130元
㉚成功頓悟100則	蕭京凌編譯	130元
㉛掌握好運100則	蕭京凌編譯	110元
㉜知性幽默	李玉瓊編譯	130元
㉝熟記對方絕招	黃靜香編譯	100元
㉞男性成功秘訣	陳蒼杰編譯	130元
㊱業務員成功秘方	李玉瓊編著	120元
㊲察言觀色的技巧	劉華亭編著	130元
㊳一流領導力	施義彥編譯	120元
㊴一流說服力	李玉瓊編著	130元
㊵30秒鐘推銷術	廖松濤編譯	150元
㊶猶太成功商法	周蓮芬編譯	120元
㊷尖端時代行銷策略	陳蒼杰編著	100元
㊸顧客管理學	廖松濤編著	100元
㊹如何使對方說Yes	程　羲編著	150元
㊺如何提高工作效率	劉華亭編著	150元
㊼上班族口才學	楊鴻儒譯	120元
㊽上班族新鮮人須知	程　羲編著	120元
㊾如何左右逢源	程　羲編著	130元
㊿語言的心理戰	多湖輝著	130元
51扣人心弦演說術	劉名揚編著	120元
53如何增進記憶力、集中力	廖松濤譯	130元
55性惡企業管理學	陳蒼杰譯	130元
56自我啟發200招	楊鴻儒編著	150元
57做個傑出女職員	劉名揚編著	130元
58靈活的集團營運術	楊鴻儒編著	120元
60個案研究活用法	楊鴻儒編著	130元
61企業教育訓練遊戲	楊鴻儒編著	120元
62管理者的智慧	程　義編譯	130元
63做個佼佼管理者	馬筱莉編譯	130元
64智慧型說話技巧	沈永嘉編譯	130元

㊅活用佛學於經營	松濤弘道著	150元
㊆活用禪學於企業	柯素娥編譯	130元
㊇詭辯的智慧	沈永嘉編譯	150元
㊈幽默詭辯術	廖玉山編譯	150元
㊉拿破崙智慧箴言	柯素娥編譯	130元
⑦自我培育・超越	蕭京凌編譯	150元
⑦時間即一切	沈永嘉編譯	130元
⑦自我脫胎換骨	柯素娥譯	150元
⑦贏在起跑點—人才培育鐵則	楊鴻儒編譯	150元
⑦做一枚活棋	李玉瓊編譯	130元
⑦面試成功戰略	柯素娥編譯	130元
⑦自我介紹與社交禮儀	柯素娥編譯	150元
⑧說NO的技巧	廖玉山編譯	130元
⑧瞬間攻破心防法	廖玉山編譯	120元
⑧改變一生的名言	李玉瓊編譯	130元
⑧性格性向創前程	楊鴻儒編譯	130元
⑧訪問行銷新竅門	廖玉山編譯	150元
⑧無所不達的推銷話術	李玉瓊編譯	150元

・處世智慧・電腦編號 03

①如何改變你自己	陸明編譯	120元
④幽默說話術	林振輝編譯	120元
⑤讀書36計	黃柏松編譯	120元
⑥靈感成功術	譚繼山編譯	80元
⑧扭轉一生的五分鐘	黃柏松編譯	100元
⑨知人、知面、知其心	林振輝譯	110元
⑩現代人的詭計	林振輝譯	100元
⑫如何利用你的時間	蘇遠謀譯	80元
⑬口才必勝術	黃柏松編譯	120元
⑭女性的智慧	譚繼山編譯	90元
⑮如何突破孤獨	張文志編譯	80元
⑯人生的體驗	陸明編譯	80元
⑰微笑社交術	張芳明譯	90元
⑱幽默吹牛術	金子登著	90元
⑲攻心說服術	多湖輝著	100元
⑳當機立斷	陸明編譯	70元
㉑勝利者的戰略	宋恩臨編譯	80元
㉒如何交朋友	安紀芳編著	70元
㉓鬥智奇謀（諸葛孔明兵法）	陳炳崑著	70元
㉔慧心良言	亦　奇著	80元

㉕名家慧語	蔡逸鴻主編	90元
㉗稱霸者啟示金言	黃柏松編譯	90元
㉘如何發揮你的潛能	陸明編譯	90元
㉙女人身態語言學	李常傳譯	130元
㉚摸透女人心	張文志譯	90元
㉛現代戀愛秘訣	王家成譯	70元
㉜給女人的悄悄話	妮倩編譯	90元
㉞如何開拓快樂人生	陸明編譯	90元
㉟驚人時間活用法	鐘文訓譯	80元
㊱成功的捷徑	鐘文訓譯	70元
㊲幽默逗笑術	林振輝著	120元
㊳活用血型讀書法	陳炳崑譯	80元
㊴心　燈	葉于模著	100元
㊵當心受騙	林顯茂譯	90元
㊶心・體・命運	蘇燕謀譯	70元
㊷如何使頭腦更敏銳	陸明編譯	70元
㊸宮本武藏五輪書金言錄	宮本武藏著	100元
㊺勇者的智慧	黃柏松編譯	80元
㊼成熟的愛	林振輝譯	120元
㊽現代女性駕馭術	蔡德華著	90元
㊾禁忌遊戲	酒井潔著	90元
52摸透男人心	劉華亭編譯	80元
53如何達成願望	謝世輝著	90元
54創造奇蹟的「想念法」	謝世輝著	90元
55創造成功奇蹟	謝世輝著	90元
56男女幽默趣典	劉華亭譯	90元
57幻想與成功	廖松濤譯	80元
58反派角色的啟示	廖松濤編譯	70元
59現代女性須知	劉華亭編著	75元
61機智說話術	劉華亭編譯	100元
62如何突破內向	姜倩怡編譯	110元
64讀心術入門	王家成編譯	100元
65如何解除內心壓力	林美羽編著	110元
66取信於人的技巧	多湖輝著	110元
67如何培養堅強的自我	林美羽編著	90元
68自我能力的開拓	卓一凡編著	110元
70縱橫交涉術	嚴思圖編著	90元
71如何培養妳的魅力	劉文珊編著	90元
72魅力的力量	姜倩怡編著	90元
73金錢心理學	多湖輝著	100元
74語言的圈套	多湖輝著	110元

⑮個性膽怯者的成功術	廖松濤編譯	100元
⑯人性的光輝	文可式編著	90元
⑲培養靈敏頭腦秘訣	廖玉山編著	90元
⑳夜晚心理術	鄭秀美編譯	80元
㉑如何做個成熟的女性	李玉瓊編著	80元
㉒現代女性成功術	劉文珊編著	90元
㉓成功說話技巧	梁惠珠編譯	100元
㉔人生的真諦	鐘文訓編譯	100元
㉕妳是人見人愛的女孩	廖松濤編著	120元
㉗指尖・頭腦體操	蕭京凌編譯	90元
㉘電話應對禮儀	蕭京凌編著	120元
㉙自我表現的威力	廖松濤編譯	100元
㉚名人名語啟示錄	喬家楓編著	100元
㉛男與女的哲思	程鐘梅編譯	110元
㉜靈思慧語	牧　風著	110元
㉝心靈夜語	牧　風著	100元
㉞激盪腦力訓練	廖松濤編譯	100元
㉟三分鐘頭腦活性法	廖玉山編譯	110元
㊱星期一的智慧	廖玉山編譯	100元
㊲溝通說服術	賴文琇編譯	100元
㊳超速讀超記憶法	廖松濤編譯	140元

•健康與美容• 電腦編號 04

①B型肝炎預防與治療	曾慧琪譯	130元
③媚酒傳（中國王朝秘酒）	陸明主編	120元
④藥酒與健康果菜汁	成玉主編	150元
⑤中國回春健康術	蔡一藩著	100元
⑥奇蹟的斷食療法	蘇燕謀譯	110元
⑧健美食物法	陳炳崑譯	120元
⑨驚異的漢方療法	唐龍編著	90元
⑩不老強精食	唐龍編著	100元
⑫五分鐘跳繩健身法	蘇明達譯	100元
⑬睡眠健康法	王家成譯	80元
⑭你就是名醫	張芳明譯	90元
⑮如何保護你的眼睛	蘇燕謀譯	70元
⑲釋迦長壽健康法	譚繼山譯	90元
⑳腳部按摩健康法	譚繼山譯	120元
㉑自律健康法	蘇明達譯	90元
㉓身心保健座右銘	張仁福著	160元
㉔腦中風家庭看護與運動治療	林振輝譯	100元

㉕秘傳醫學人相術	成玉主編	120元
㉖導引術入門(1)治療慢性病	成玉主編	110元
㉗導引術入門(2)健康・美容	成玉主編	110元
㉘導引術入門(3)身心健康法	成玉主編	110元
㉙妙用靈藥・蘆薈	李常傳譯	150元
㉚萬病回春百科	吳通華著	150元
㉛初次懷孕的10個月	成玉編譯	130元
㉜中國秘傳氣功治百病	陳炳崑編譯	130元
㉟仙人長生不老學	陸明編譯	100元
㊱釋迦秘傳米粒刺激法	鐘文訓譯	120元
㊲痔・治療與預防	陸明編譯	130元
㊳自我防身絕技	陳炳崑編譯	120元
㊴運動不足時疲勞消除法	廖松濤譯	110元
㊵三溫暖健康法	鐘文訓編譯	90元
㊸維他命與健康	鐘文訓譯	150元
㊺森林浴—綠的健康法	劉華亭編譯	80元
㊼導引術入門(4)酒浴健康法	成玉主編	90元
㊽導引術入門(5)不老回春法	成玉主編	90元
㊾山白竹（劍竹）健康法	鐘文訓譯	90元
㊿解救你的心臟	鐘文訓編譯	100元
51牙齒保健法	廖玉山譯	90元
52超人氣功法	陸明編譯	110元
54借力的奇蹟(1)	力拔山著	100元
55借力的奇蹟(2)	力拔山著	100元
56五分鐘小睡健康法	呂添發撰	120元
57禿髮、白髮預防與治療	陳炳崑撰	120元
59艾草健康法	張汝明編譯	90元
60一分鐘健康診斷	蕭京凌編譯	90元
61念術入門	黃靜香編譯	90元
62念術健康法	黃靜香編譯	90元
63健身回春法	梁惠珠編譯	100元
64姿勢養生法	黃秀娟編譯	90元
65仙人瞑想法	鐘文訓譯	120元
66人蔘的神效	林慶旺譯	100元
67奇穴治百病	吳通華著	120元
68中國傳統健康法	靳海東著	100元
69下半身減肥法	納他夏・史達賓著	110元
70使妳的肌膚更亮麗	楊　皓編譯	100元
71酵素健康法	楊　皓編譯	120元
73腰痛預防與治療	五味雅吉著	100元
74如何預防心臟病・腦中風	譚定長等著	100元

⑦⑤少女的生理秘密	蕭京凌譯	120元
⑦⑥頭部按摩與針灸	楊鴻儒譯	100元
⑦⑦雙極療術入門	林聖道著	100元
⑦⑧氣功自療法	梁景蓮著	120元
⑦⑨大蒜健康法	李玉瓊編譯	100元
⑧①健胸美容秘訣	黃靜香譯	120元
⑧②鍺奇蹟療效	林宏儒譯	120元
⑧③三分鐘健身運動	廖玉山譯	120元
⑧④尿療法的奇蹟	廖玉山譯	120元
⑧⑤神奇的聚積療法	廖玉山譯	120元
⑧⑥預防運動傷害伸展體操	楊鴻儒編譯	120元
⑧⑧五日就能改變你	柯素娥譯	110元
⑧⑨三分鐘氣功健康法	陳美華譯	120元
⑨⓪痛風劇痛消除法	余昇凌譯	120元
⑨①道家氣功術	早島正雄著	130元
⑨②氣功減肥術	早島正雄著	120元
⑨③超能力氣功法	柯素娥譯	130元
⑨④氣的瞑想法	早島正雄著	120元

•家庭／生活•電腦編號05

①單身女郎生活經驗談	廖玉山編著	100元
②血型•人際關係	黃靜編著	120元
③血型•妻子	黃靜編著	110元
④血型•丈夫	廖玉山編譯	130元
⑤血型•升學考試	沈永嘉編譯	120元
⑥血型•臉型•愛情	鐘文訓編譯	120元
⑦現代社交須知	廖松濤編譯	100元
⑧簡易家庭按摩	鐘文訓編譯	150元
⑨圖解家庭看護	廖玉山編譯	120元
⑩生男育女隨心所欲	岡正基編著	160元
⑪家庭急救治療法	鐘文訓編著	100元
⑫新孕婦體操	林曉鐘譯	120元
⑬從食物改變個性	廖玉山編譯	100元
⑭藥草的自然療法	東城百合子著	200元
⑮糙米菜食與健康料理	東城百合子著	180元
⑯現代人的婚姻危機	黃　靜編著	90元
⑰親子遊戲　0歲	林慶旺編譯	100元
⑱親子遊戲　1～2歲	林慶旺編譯	110元
⑲親子遊戲　3歲	林慶旺編譯	100元
⑳女性醫學新知	林曉鐘編譯	130元

㉑媽媽與嬰兒	張汝明編譯	180元
㉒生活智慧百科	黃　靜編譯	100元
㉓手相・健康・你	林曉鐘編譯	120元
㉔菜食與健康	張汝明編譯	110元
㉕家庭素食料理	陳東達著	140元
㉖性能力活用秘法	米開・尼里著	150元
㉗兩性之間	林慶旺編譯	120元
㉘性感經穴健康法	蕭京凌編譯	150元
㉙幼兒推拿健康法	蕭京凌編譯	100元
㉚談中國料理	丁秀山編著	100元
㉛舌技入門	增田豐　著	160元
㉜預防癌症的飲食法	黃靜香編譯	150元
㉝性與健康寶典	黃靜香編譯	180元
㉞正確避孕法	蕭京凌編譯	130元
㉟吃的更漂亮美容食譜	楊萬里著	120元
㊱圖解交際舞速成	鐘文訓編譯	150元
㊲觀相導引術	沈永嘉譯	130元
㊳初為人母12個月	陳義譯	180元
㊴圖解麻將入門	顧安行編譯	160元
㊵麻將必勝秘訣	石利夫編譯	160元
㊶女性一生與漢方	蕭京凌編譯	100元
㊷家電的使用與修護	鐘文訓編譯	160元
㊸錯誤的家庭醫療法	鐘文訓編譯	100元
㊹簡易防身術	陳慧珍編譯	130元
㊺茶健康法	鐘文訓編譯	130元
㊻雞尾酒大全	劉雪卿譯	180元
㊼生活的藝術	沈永嘉編著	120元
㊽雜草雜果健康法	沈永嘉編著	120元
㊾如何選擇理想妻子	荒谷慈著	110元
㊿如何選擇理想丈夫	荒谷慈著	110元
(51)中國食與性的智慧	根本光人著	150元
(52)開運法話	陳宏男譯	100元
(53)禪語經典＜上＞	平田精耕著	150元
(54)禪語經典＜下＞	平田精耕著	150元
(55)手掌按摩健康法	鐘文訓譯	180元
(56)脚底按摩健康法	鐘文訓譯	150元
(57)仙道運氣健身法	高藤聰一郎著	150元
(58)健心、健體呼吸法	蕭京凌譯	120元
(59)自彊術入門	蕭京凌譯	120元
(60)指技入門	增田豐著	160元
(61)下半身鍛鍊法	增田豐著	180元

⑥②表象式學舞法	黃靜香編譯	180元
⑥③圖解家庭瑜伽	鐘文訓譯	130元
⑥④食物治療寶典	黃靜香編譯	130元
⑥⑤智障兒保育入門	楊鴻儒譯	130元
⑥⑥自閉兒童指導入門	楊鴻儒譯	180元
⑥⑦乳癌發現與治療	黃靜香譯	130元
⑥⑧盆栽培養與欣賞	廖啟新編譯	180元
⑥⑨世界手語入門	蕭京凌編譯	180元
⑦⓪賽馬必勝法	李錦雀編譯	200元
⑦①中藥健康粥	蕭京凌編譯	120元
⑦②健康食品指南	劉文珊編譯	130元
⑦③健康長壽飲食法	鐘文訓編譯	150元
⑦④夜生活規則	增田豐著	160元
⑦⑤自製家庭食品	鐘文訓編譯	200元
⑦⑥仙道帝王招財術	廖玉山譯	130元
⑦⑦「氣」的蓄財術	劉名揚譯	130元
⑦⑧佛教健康法入門	劉名揚譯	130元
⑦⑨男女健康醫學	郭汝蘭譯	150元
⑧⓪成功的果樹培育法	張煌編譯	130元
⑧①實用家庭菜園	孔翔儀編譯	130元
⑧②氣與中國飲食法	柯素娥編譯	130元
⑧③世界生活趣譚	林其英著	160元
⑧④胎教二八〇天	鄭淑美譯	180元
⑧⑤酒自己動手釀	柯素娥編著	160元
⑧⑥自己動「手」健康法	手嶋曻著	160元
⑧⑦香味活用法	森田洋子著	160元
⑧⑧寰宇趣聞搜奇	林其英著	200元

·命理與預言·電腦編號06

①星座算命術	張文志譯	120元
②中國式面相學入門	蕭京凌編著	180元
③圖解命運學	陸明編著	200元
④中國秘傳面相術	陳炳崑編著	110元
⑤輪迴法則（生命轉生的秘密）	五島勉著	80元
⑥命名彙典	水雲居士編著	180元
⑦簡明紫微斗術命運學	唐龍編著	130元
⑧住宅風水吉凶判斷法	琪輝編譯	180元
⑨鬼谷算命秘術	鬼谷子著	150元
⑩密教開運咒法	中岡俊哉著	250元
⑪女性星魂術	岩滿羅門著	200元

⑫簡明四柱推命學	李常傳編譯	150元
⑬手相鑑定奧秘	高山東明著	200元
⑭簡易精確手相	高山東明著	200元
⑮啟示錄中的世界末日	蘇燕謀編譯	80元
⑯女巫的咒法	柯素娥譯	230元
⑰指紋算命學	邱夢蕾譯	90元
⑱樸克牌占卜入門	王家成譯	100元
⑲Ａ血型與十二生肖	鄒雲英編譯	90元
⑳Ｂ血型與十二生肖	鄒雲英編譯	90元
㉑Ｏ血型與十二生肖	鄒雲英編譯	100元
㉒ＡＢ血型與十二生肖	鄒雲英編譯	90元
㉓筆跡占卜學	周子敬著	220元
㉔神秘消失的人類	林達中譯	80元
㉕世界之謎與怪談	陳炳崑譯	80元
㉖符咒術入門	柳玉山人編	150元
㉗神奇的白符咒	柳玉山人編	160元
㉘神奇的紫符咒	柳玉山人編	200元
㉙秘咒魔法開運術	吳慧鈴編譯	180元
㉚諾米空秘咒法	馬克・矢崎著	220元
㉛改變命運的手相術	鐘文訓編著	120元
㉜黃帝手相占術	鮑黎明著	230元
㉝惡魔的咒法	杜美芳譯	230元
㉞脚相開運術	王瑞禎譯	130元
㉟面相開運術	許麗玲譯	150元
㊱房屋風水與運勢	邱震睿編譯	160元
㊲商店風水與運勢	邱震睿編譯	200元
㊳諸葛流天文遁甲	巫立華譯	150元
㊴聖帝五龍占術	廖玉山譯	180元
㊵萬能神算	張助馨編著	120元
㊶神秘的前世占卜	劉名揚譯	150元
㊷諸葛流奇門遁甲	巫立華譯	150元
㊸諸葛流四柱推命	巫立華譯	180元
㊹室內擺設創好運	小林祥晃著	200元
㊺室內裝潢開運法	小林祥晃著	230元
㊻新・大開運吉方位	小林祥晃著	200元
㊼風水的奧義	小林祥晃著	200元

・教養特輯・電腦編號07

①管教子女絕招	多湖輝著	70元
⑤如何教育幼兒	林振輝譯	80元

⑥看圖學英文	陳炳崑編著	90元
⑦關心孩子的眼睛	陸明編	70元
⑧如何生育優秀下一代	邱夢蕾編著	100元
⑩現代育兒指南	劉華亭編譯	90元
⑫如何培養自立的下一代	黃靜香編譯	80元
⑭教養孩子的母親暗示法	多湖輝著	90元
⑮奇蹟教養法	鐘文訓編譯	90元
⑯慈父嚴母的時代	多湖輝著	90元
⑰如何發現問題兒童的才智	林慶旺譯	100元
⑱再見！夜尿症	黃靜香編譯	90元
⑲育兒新智慧	黃靜編譯	90元
⑳長子培育術	劉華亭編譯	80元
㉑親子運動遊戲	蕭京凌編譯	90元
㉒一分鐘刺激會話法	鐘文訓編著	90元
㉓啟發孩子讀書的興趣	李玉瓊編著	100元
㉔如何使孩子更聰明	黃靜編著	100元
㉕３・４歲育兒寶典	黃靜香編譯	100元
㉖一對一教育法	林振輝編譯	100元
㉗母親的七大過失	鐘文訓編譯	100元
㉘幼兒才能開發測驗	蕭京凌編譯	100元
㉙教養孩子的智慧之眼	黃靜香編譯	100元
㉚如何創造天才兒童	林振輝編譯	90元
㉛如何使孩子數學滿點	林明嬋編著	100元

・消 遣 特 輯・電腦編號 08

①小動物飼養秘訣	徐道政譯	120元
②狗的飼養與訓練	張文志譯	130元
③四季釣魚法	釣朋會編	120元
④鴿的飼養與訓練	林振輝譯	120元
⑤金魚飼養法	鐘文訓編譯	130元
⑥熱帶魚飼養法	鐘文訓編譯	180元
⑧妙事多多	金家驊編譯	80元
⑨有趣的性知識	蘇燕謀編譯	100元
⑩圖解攝影技巧	譚繼山編譯	220元
⑪100種小鳥養育法	譚繼山編譯	200元
⑫樸克牌遊戲與贏牌秘訣	林振輝編譯	120元
⑬遊戲與餘興節目	廖松濤編著	100元
⑭樸克牌魔術・算命・遊戲	林振輝編譯	100元
⑯世界怪動物之謎	王家成譯	90元
⑰有趣智商測驗	譚繼山譯	120元

⑲絕妙電話遊戲	開心俱樂部著	80元
⑳透視超能力	廖玉山譯	90元
㉑戶外登山野營	劉靑篁編譯	90元
㉒測驗你的智力	蕭京凌編著	90元
㉓有趣數字遊戲	廖玉山編著	90元
㉔巴士旅行遊戲	陳羲編著	110元
㉕快樂的生活常識	林泰彥編著	90元
㉖室內室外遊戲	蕭京凌編著	110元
㉗神奇的火柴棒測驗術	廖玉山編著	100元
㉘醫學趣味問答	陸明編譯	90元
㉙樸克牌單人遊戲	周蓮芬編譯	130元
㉚靈驗樸克牌占卜	周蓮芬編譯	120元
㉜性趣無窮	蕭京凌編譯	110元
㉝歡樂遊戲手册	張汝明編譯	100元
㉞美國技藝大全	程玫立編譯	100元
㉟聚會即興表演	高育強編譯	90元
㊱恐怖幽默	幽默選集編譯組	120元
㊲兩性幽默	幽默選集編譯組	100元
㊹藝術家幽默	幽默選集編譯組	100元
㊺旅遊幽默	幽默選集編譯組	100元
㊻投機幽默	幽默選集編譯組	100元
㊼異色幽默	幽默選集編譯組	100元
㊽靑春幽默	幽默選集編譯組	100元
㊾焦點幽默	幽默選集編譯組	100元
㊿政治幽默	幽默選集編譯組	130元
51美國式幽默	幽默選集編譯組	130元

•語文特輯• 電腦編號09

①日本話1000句速成	王復華編著	60元
②美國話1000句速成	吳銘編著	60元
③美國話1000句速成　附卡帶		220元
④日本話1000句速成　附卡帶		220元
⑤簡明日本話速成	陳炳崑編著	90元

•武術特輯• 電腦編號10

①陳式太極拳入門	馮志強編著	150元
②武式太極拳	郝少如編著	150元
③練功十八法入門	蕭京凌編著	120元
④教門長拳	蕭京凌編譯	150元

⑤跆拳道	蕭京凌編譯	180元
⑥正傳合氣道	程曉鈴譯	180元
⑦圖解雙節棍	陳銘遠著	150元
⑧格鬥空手道	鄭旭旭編著	180元
⑨實用跆拳道	陳國榮編著	180元
⑩武術初學指南	李文英、解守德編著	250元
⑪泰國拳	陳國榮著	180元
⑫中國式摔跤	黃　斌編著	180元
⑬太極劍入門	李德印編著	180元
⑭太極拳運動	運動司編	220元
⑮太極拳譜	清・王宗岳等著	280元
⑯散手初學	冷　峰編著	180元

・趣味益智百科・電腦編號 11

②神奇魔術入門	陳炳崑譯	70元
③智商180訓練金頭腦	徐道政譯	90元
④趣味遊戲107入門	徐道政譯	60元
⑤漫畫入門	張芳明譯	70元
⑥氣象觀測入門	陳炳崑譯	50元
⑦圖解游泳入門	黃慶篤譯	80元
⑨少女派對入門	陳昱仁譯	70元
⑩簡易勞作入門	陳昱仁譯	70元
⑪手製玩具入門	趣味百科編譯組	80元
⑫圖解遊戲百科	趣味百科編譯組	70元
⑬奇妙火柴棒遊戲	趣味百科編譯組	70元
⑭奇妙手指遊戲	趣味百科編譯組	70元
⑮快樂的勞作—走	趣味百科編譯組	70元
⑯快樂的勞作—動	趣味百科編譯組	70元
⑰快樂的勞作—飛	趣味百科編譯組	70元
⑱不可思議的恐龍	趣味百科編譯組	70元
⑲不可思議的化石	趣味百科編譯組	70元
⑳偵探推理入門	趣味百科編譯組	70元
㉑愛與幸福占星術	趣味百科編譯組	70元

・神奇傳眞・電腦編號 12

①鬼故事	賴曉梅著	70元
②妖怪故事	賴曉梅著	70元
③鬼怪故事	周維潔著	70元
④神鬼怪談	周維潔著	60元

國家圖書館出版品預行編目資料

宇宙與地球終結之謎/南山宏著；許懐纓譯
—— 初版，—— 臺北市，大展，民85
面；　　公分，——（超現實心靈講座；11）
譯自：宇宙と地球最後の謎
ISBN 957-557-626-8（平裝）

1. 異象

297　　　　85007475

宇宙與地球終結之謎　　ISBN 957-557-626-8

原著者/南　山　宏
編譯者/許　懐　纓
發行人/蔡　森　明
出版者/大展出版社有限公司
社　址/台北市北投區（石牌）
致遠一路2段12巷1號
電　話/（02）8236031·8236033
傳　真/（02）8272069
郵政劃撥/0166955-1
登記證/局版臺業字第2171號

承印者/高星企業有限公司
裝　訂/日新裝訂所
排版者/弘益電腦排版有限公司
電　話/（02）5611592
初　版/1996年（民85年）9月
定　價/200元

大展好書 好書大展

大展好書 好書大展